Bill Hybels • Bruce Bugbee • Don Cousins
Deutsche Überarbeitung von Thomas Siegrist

D.I.E.N.S.T.
Entdecke dein Potenzial

Teilnehmerbuch

HYBELS · BUGBEE · COUSINS

Deutsche Überarbeitung von Thomas Siegrist

D.I.E.N.S.T.

Entdecke dein Potenzial

Teilnehmerbuch

Dienen im Einklang von Neigungen, Stärke und Talenten

GerthMedien

Originaltitel: *Network: Participant's Guide*

© 1994 by Willow Creek Community Church
Published by Zondervan Publishing House,
Grand Rapids, Michigan 49530

© 2002 der überarbeiteten deutschen Ausgabe
by Gerth Medien GmbH, Asslar
5. Auflage 2006

Die Bibelstellen wurden der Gute Nachricht Bibel entnommen.

Abdruck des DISG-Tests auf den Seiten 124 ff. mit freundlicher Genehmigung
von persolog GmbH, Remchingen.

ISBN 3-86591-803-4

Übersetzung: Annette Schalk
Überarbeitung: Thomas Siegrist, Stephan Hofmann u. a.
Umschlaggestaltung: Immanuel Grapentin
Illustrationen: Markus Liebendahl
Satz: Typostudio Rücker
Druck und Verarbeitung: Schönbach-Druck, Erzhausen

Nachdruck, auch auszugsweise, nur mit Genehmigung des Verlages.

Inhalt

Vorwort zur überarbeiteten deutschen Ausgabe. 6

Einheit 1: Einführung
Was ist D.I.E.N.S.T. und was kann ich von diesem Kurs erwarten? . . . 7

Einheit 2: Neigungen
Der Ort, an dem Sie sich gerne einsetzen 14

Einheit 3: Gaben
Was Gott in Sie hineingelegt hat 26

Einheit 4: Wie entdecke ich meine Gaben?
Ein Reiseführer auf dem Weg zu Ihren Gaben 32

Einheit 5: Gaben unter die Lupe genommen
Eine genauere Beschreibung jeder Gabe und die Verknüpfung
von Gaben und Neigungen 81

Einheit 6: Persönlichkeitsstil
Die Art, wie Sie Herausforderungen angehen 120

Einheit 7: Liebe
Das Wichtigste: einander in Liebe dienen! 132

Einheit 8: Nächste Schritte
Das Seminar ist zu Ende – und wie geht's weiter? 141

Anhang 147

Bücher zum Thema 155

Vorwort
zur überarbeiteten deutschen Ausgabe

Etwas war heute anders: Der Motor klang komisch, das mühsame Zusammenspiel von Gas und Kupplung klappte nicht, trotz Vollgas kam ich nicht vom Fleck – bis mein Fahrlehrer den entscheidenden Griff tat und die Handbremse löste.

Haben Sie schon mal versucht, mit angezogener Handbremse zu fahren? Kein schönes Gefühl, oder? Umso befreiender, wenn die Bremse gelöst ist und wir endlich in Fahrt kommen.

Ganz ähnlich ging es mir während eines Praktikums in Willow Creek. Bis dahin hatte mich die Mitarbeit in der Gemeinde viel Energie gekostet. Ich wollte etwas bewirken, wollte Menschen weiterhelfen und neue Ideen einbringen, aber allzu oft war ich frustriert und hatte das Gefühl, Energie zu verpuffen – eine Fahrt mit angezogener Handbremse.

In Willow Creek sah ich Bereiche, bei denen ich spontan dachte: *Da würde ich gerne mitarbeiten.* Erstaunt über meine eigenen Gedanken, fragte ich mich: *Woher plötzlich diese Motivation?* Was war an diesen Diensten besonders? Mir wurde klar: Diese Bereiche passten zu den Fähigkeiten, die Gott mir gegeben hatte. Hier konnte ich mich ganz einsetzen. Zu Hause angekommen, ging die Fahrt mit gelöster Handbremse los und geht bis heute weiter. Auch die vorliegende Neuauflage des D.I.E.N.S.T-Materials ist ein Teil davon. Ich hoffe, dass das neue D.I.E.N.S.T-Material Ihnen und vielen anderen Menschen hilft, ihre Persönlichkeit zu entdecken und den Ort zu finden, an dem Sie sich erfüllt einsetzen können.

Gute Fahrt!

Thomas Siegrist

Einheit 1:
Einführung

Was ist D.I.E.N.S.T. und was kann ich von diesem Kurs erwarten?

D.I.E.N.S.T. lädt Sie zu einer Entdeckungsreise ein.

Entdecken Sie sich und Ihre Gemeinde neu.

In dieser Einheit erfahren Sie, wie.

Was ist erfüllende Mitarbeit?

D.I.E.N.S.T. ist eine Abkürzung und bedeutet „Dienen im Einklang von Neigungen, Stärken und Talenten".

Das Ziel von D.I.E.N.S.T. ist, dass Sie den Platz finden, an dem Sie sich einsetzen können und dabei Erfüllung finden.

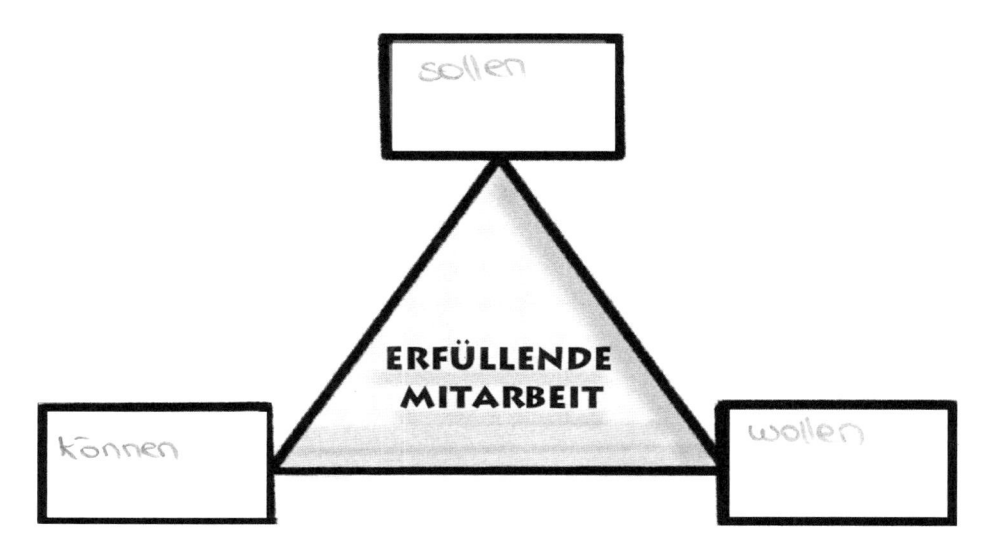

*Erfüllende Mitarbeit ist, dass wir das tun **sollen**, was wir **wollen** und auch **können**.*

Erfüllende Mitarbeit besteht aus drei Komponenten: sollen, wollen, können. Wir merken sofort, wenn eine der drei Komponenten fehlt:
- Wenn wir etwas machen sollen und es auch wollen, es aber nicht können, sind wir frustriert.
- Wenn wir etwas machen sollen und es auch können, es aber nicht wollen, verweigern wir uns.
- Wenn wir etwas wollen und es auch können, aber nicht sollen, kommt es ziemlich bald zu einem Konflikt.

Gott möchte, dass wir erfüllt mitarbeiten. Er möchte, dass wir in der Gemeinde einen Platz finden, an dem Sollen, Wollen und Können übereinstimmen.

„Gott hat euch zur Freiheit berufen, meine Brüder und Schwestern! Aber missbraucht eure Freiheit nicht als Freibrief zur Befriedigung eurer selbstsüchtigen Wünsche, sondern dient einander in Liebe" (Galater 5,13).

Video: Einführung von Bill Hybels

Kleingruppe: Was erwarte ich von D.I.E.N.S.T.?

Anleitung

Bilden Sie mit drei anderen Personen eine Kleingruppe und tauschen Sie sich über die folgenden Fragen aus:

- Wie sieht das im Video gezeichnete Bild von Gemeinde aus?
- Was hat Sie beim Anschauen des Videos am meisten angesprochen?
- Wie wurden Sie auf D.I.E.N.S.T. aufmerksam und was erwarten Sie von diesem Seminar?

Die Ziele von D.I.E.N.S.T.

1. Ein neues Bild von Gemeinde

Entdecken Sie, wie Gott sich Gemeinde vorstellt: ein Ort, an dem wir gerne mitarbeiten, uns entfalten und uns ergänzen können.

2. Ein neues Bild von sich

Entdecken Sie das Potenzial, das in Ihnen steckt. Finden Sie heraus, wo Ihre Stärken liegen und was Sie gerne tun wollen.

3. Sich erfüllt einsetzen

D.I.E.N.S.T. möchte Sie dabei unterstützen, das Gelernte in die Praxis umzusetzen.

Ein neues Bild von Gemeinde

In der Bibel wird die Gemeinde oft mit einem Körper und seinen Gliedern verglichen. Wir ergänzen einander mit unseren verschiedenen Fähigkeiten.

Ein neues Bild von sich selbst

Finden Sie heraus, an welcher Stelle Sie in die Gemeinde hineinpassen. D.I.E.N.S.T. hilft Ihnen, einige Puzzleteile Ihrer Persönlichkeit zusammenzusetzen.

Die 3 Elemente des D.I.E.N.S.T.-Profils

Während des D.I.E.N.S.T.-Seminars entdecken Sie 3 Elemente Ihrer Persönlichkeit, die Ihnen helfen, Ihren Platz zu finden.

1. *Neigungen*
   Neigungen sagen aus, wofür Ihr Herz schlägt.

   Die Neigungen beantworten die Frage,
   _wo_
   wir uns einsetzen sollen.

   Mehr dazu in Einheit 2.

2. *Gaben*
   Gaben sagen aus, was Sie gut können.

   Gaben beantworten die Frage,
   was
   wir tun sollen.

   Mehr dazu in den Einheiten 3–5.

3. *Persönlichkeitsstil*
   Ihr Persönlichkeitsstil sagt aus, wie und woraus Sie Ihre Energie schöpfen.

   Der Persönlichkeitsstil beantwortet die Frage,
   wie
   wir Aufgaben anpacken.

   Mehr dazu in Einheit 6.

Welche Konsequenzen hat das für Ihren Alltag?

Zielgerichtet mitarbeiten

Wenn wir unsere Persönlichkeit nicht kennen, verzetteln wir uns und setzen uns dort ein, wo gerade Leute benötigt werden.

Wenn wir uns besser kennen, können wir uns zielgerichtet an einem Ort einsetzen, der zu uns und unseren Neigungen, Gaben und unserem Persönlichkeitsstil passt.

Fruchtbringend und erfüllt mitarbeiten

Wenn wir an einem Ort erfüllt mitarbeiten, bringen wir auch mehr Frucht. Dadurch sind wir zufriedener. Je zufriedener wir sind, desto effektiver sind wir, desto mehr Frucht bringen wir … Dies bezeichnet man auch als „Segenskreislauf".

Wenn Sie erfüllt mitarbeiten, bringen Sie mehr Frucht.

Was möchte Gott von uns?

Wir sollen Gott und die Menschen lieben (Doppelgebot der Liebe).

> „Jesus antwortete: Liebe *den Herrn, deinen Gott,* von ganzem Herzen, mit ganzem Willen und mit deinem ganzen Verstand! Dies ist das größte und wichtigste Gebot. Aber gleich wichtig ist ein zweites: Liebe *deinen Mitmenschen* wie dich selbst! In diesen beiden Geboten ist alles zusammengefasst, was das Gesetz und die Propheten fordern" (Mt 22,37–40).

Wir sollen Gott mit unserem Tun verherrlichen (unser Dienst ist eine Form der Anbetung).

> „Wenn jemand die Gabe der Rede hat, soll Gott durch ihn zu Wort kommen. Wenn jemand die Gabe der helfenden Tat hat, soll er aus der Kraft handeln, die Gott ihm verleiht. Alles, was ihr tut, soll durch Jesus Christus *zur Ehre Gottes* geschehen. Ihm gehört die Herrlichkeit und die Macht für alle Zeiten! Amen" (1. Petrus 4,11).

Das Ziel von D.I.E.N.S.T.: Unser Einsatz soll Gott verherrlichen und andere Menschen aufbauen.

Die D.I.E.N.S.T.-Entdeckungsreise

Wie können wir unsere Persönlichkeit entdecken und entfalten?

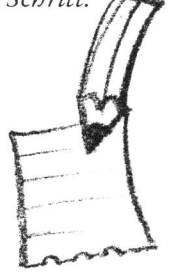

1. Schritt:

D.I.E.N.S.T.-Seminar
Lernen Sie Ihre Neigungen, Gaben und Ihren Persönlichkeitsstil kennen, und erfahren Sie, wie gabenorientierte Gemeinde aussehen kann.

2. Schritt:

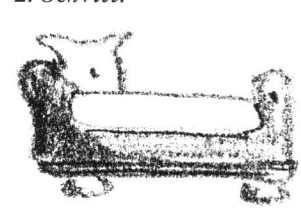

D.I.E.N.S.T.-Beratungsgespräch
Finden Sie nach dem Seminar zusammen mit einem Berater einen Platz in Ihrer Gemeinde, der zu Ihnen passt.

3. Schritt:

Praktischer Einsatz
Setzen Sie um, was Sie gelernt haben, und entfalten Sie Ihre Persönlichkeit in der Praxis.

Zusammenfassung

Dieses Seminar hat drei Ziele:

1. Sie bekommen ein neues Bild von sich.
Sie lernen drei Merkmale Ihrer Persönlichkeit kennen: Ihre Neigungen („Wo wollen Sie mitarbeiten?"), Ihre Gaben („Was wollen Sie dort tun?") und Ihren Persönlichkeitsstil („Wie packen Sie die Sache an?"). Diese drei Elemente geben Ihnen einen Hinweis darauf, wo Ihr Platz in der Gemeinde ist.

2. Sie bekommen ein biblisches Bild von Gemeinde.
Gottes Vorstellung von Gemeinde wird in der Bibel im Bild von einem Leib mit vielen Gliedern wiedergegeben, in dem sich alle einbringen. Die Gemeindearbeit ist nicht mehr Sache von ein paar wenigen Angestellten, sondern alle Gemeindeglieder bringen sich und ihre jeweiligen Fähigkeiten ein.

3. Sie nehmen Ihren Platz in der Gemeinde ein.
Wenn Sie sich entsprechend Ihres Persönlichkeitsprofils einsetzen, haben Sie einerseits mehr Freude an der Arbeit und bringen auch mehr Frucht! Das Ziel von D.I.E.N.S.T. ist, dass Sie mit neuem Mut Dinge ausprobieren, die Sie können und die Sie wollen und sollen, um so ein erfülltes Leben in der Gemeinde zu finden.

Dieser Kurs ist erst der Anfang einer Entdeckungsreise. Hier bekommen Sie die Hintergründe und Hinweise, wohin die Reise geht. So richtig los geht's aber erst nach dem Kurs: wenn Sie Ihre Persönlichkeit entfalten.

Einheit 2: Neigungen

Der Ort, an dem Sie sich gerne einsetzen.

Sicher haben Sie schon die Erfahrung gemacht, dass ...

- ... Ihnen eine Aufgabe leicht von der Hand ging und Sie sich gerne dafür einsetzten.
- ... es Themen gibt, über die Sie nächtelang reden können.
- ... Ihnen ganz andere Sachen am Herzen liegen als den Menschen in Ihrer Umgebung.

Wenn Sie auf diese Hinweise achten, dann können Sie schon erahnen, wo Ihre Neigungen liegen.

Finden Sie den Ort, an dem Sie sich gerne einsetzen!

Am richtigen Ort blühen Sie auf

Wir wissen aus eigener Erfahrung, dass Pflanzen nur dann gedeihen, wenn sie am richtigen Ort stehen. Aus diesem Grund gibt es zu jeder Pflanze einen Pflanzenstecker, der Informationen darüber enthält, welche Bedingungen die Pflanze zum Wachsen braucht. Wenn wir sie an den falschen Ort stellen, wird die Pflanze sehr schnell verwelken.

Auch wir Menschen haben Themen und Orte, an denen wir aufblühen, und Orte, an denen wir verwelken. Der Ort, an dem wir aufblühen, wird durch unsere Neigung beschrieben.

Menschen sind wie Pflanzen: Nur am richtigen Ort blühen sie auf.

Welches Thema fällt Ihnen zu den folgenden Personen ein?

Billy Graham	Evangelisation
Nelson Mandela	Afrika, Apartheid
Mutter Teresa	Entwicklungshilfe, Indien
Bill Gates	Computer
Martin Luther King	I have a dream = Gleichberechtigung
Eberhard Mühlan	Familie

Wir verbinden bekannte Persönlichkeiten mit dem Thema, für das sie sich eingesetzt haben und bei dem sie aufgeblüht sind – wir verbinden sie mit ihren Neigungen.

Diese Personen hätten sich wahrscheinlich für ein anderes Thema nie so leidenschaftlich eingesetzt wie für ihre Neigung.

Einheit 2: Neigungen

Definition von Neigungen

Die Neigungen sind das erste Element des D.I.E.N.S.T.-Profils. Sie beantworten die Frage nach dem __Wo__:
Wo und wofür setze ich mich gerne ein, wo blühe ich auf?

> Definition:
> Unsere Neigungen sind Personen und/oder Themen, für die unser Herz schlägt und wo wir uns gerne einsetzen und etwas bewirken wollen.

Andere Ausdrücke für Neigungen sind Leidenschaft, Last, Passion, Vision, Traum, Berufung.[1]

Bei den von Gott gegebenen Neigungen gibt es keine besseren oder schlechteren Neigungen.

Was sind Ihre Neigungen, wo setzen Sie sich gerne ein? Der Fragebogen auf den nächsten Seiten hilft Ihnen, sich über Ihre Neigungen klar zu werden.

---

[1] Die deutschen Worte „Neigung" und „Leidenschaft" sind nicht nur positiv besetzt. Es gibt offensichtlich auch negative Neigungen und Leidenschaften (eine Neigung zum Stehlen zum Beispiel). In diesem Kurs verstehen wir unter Neigung und Leidenschaft ein von Gott gegebenes *positives* Verlangen, etwas zu bewirken oder verändern zu wollen.

Neigungsfragebogen

Vorbemerkung:
Der folgende Fragebogen hilft Ihnen, die Themen und Orte zu identifizieren, für die Sie sich gerne einsetzen. Er enthält Fragen, die Sie zum Nachdenken anregen und auf die Sie eigene, freie Antworten formulieren sollen.

Wichtig: Seien Sie bei der Beantwortung möglichst frei, und denken Sie noch nicht darüber nach, wie Sie Ihre Neigungen umsetzen können.

1. Bereiche und Themen

Stellen Sie sich vor, wir treffen uns zum ersten Mal. Im Laufe unserer Unterhaltung streifen wir verschiedene Themen. Bei einem Thema sprechen Sie auf einmal etwas schneller und werden lebhafter. Sie wissen viel über dieses Thema und können bis spät in die Nacht darüber sprechen. Worüber sprechen wir?

Kreuzen Sie aus der unten stehenden Liste Themen an, für die Sie sich interessieren, oder notieren Sie eigene. Mehrfachnennungen sind erlaubt. Sie können in einem ersten Durchgang auch die Themen streichen, die Sie sicher nicht interessieren.

❏ Umweltschutz	❏ Gesellschaft	☒ Beruf
❏ Tierschutz	❏ Medien	❏ Management
❏ Pflanzen	❏ Politik	❏ Wirtschaft
☒ Natur	❏ Sucht	❏ Börse, Geld
☒ Reisen	❏ Homosexualität	❏ Computer
❏ _____	☒ Armut	❏ Technik
	☒ Hunger	❏ _____
❏ Sprachen	❏ Aids	
❏ Philosophie	❏ Gewalt	❏ Beziehungen
❏ Literatur	❏ Rassismus	❏ Konflikte
❏ Bildung	❏ Abtreibung	❏ Familie
☒ Kunst	❏ Gentechnik	❏ Erziehung
☒ Malen	❏ _____	❏ Mentoring
❏ Grafik		☒ Kinderbetreuung
❏ Werbung	☒ Gesundheit	❏ _____
☒ Musik	☒ Ernährung	
❏ Filme	❏ Sport	❏ Gemeinde
❏ audio-visuelle Medien	❏ Fitness	☒ Jüngerschaft
☒ Design	☒ Wohnen	❏ Evangelisation
❏ _____	❏ Garten	☒ geistliches Wachstum
	❏ Heimwerkerarbeit	
	❏ _____	❏ _____

Einheit 2: Neigungen

Was sind Ihre **Hobbys**?

bügeln, nähen, kochen, spazieren, Natur bewundern, Schwimmen, anderen eine Freude machen

Sie gehen zum Kiosk, um etwas zum Lesen zu kaufen. Welche Zeitschrift kaufen Sie? Welche Artikel lesen Sie in Ihrer Tageszeitung? Welche Fernsehsendungen schauen Sie sich an? Welche Bücher lesen Sie?

Mädchenzeitungen, Romane, Lebensgeschichten, geistliche Themen,

Wählen Sie aus den angekreuzten und oben genannten Themen die drei Themen aus, die Ihnen am wichtigsten sind:

1. andere Kulturen kennen lernen
2. praktische Arbeiten
3.

Welches von diesen 3 Themen wählen Sie aus, wenn Sie nur eines wählen könnten? Sie könnten Ihr Thema auch in eigenen Worten formulieren:

2. Personen

Welche Personengruppen interessieren Sie? Überlegen Sie sich Antworten auf die zwei folgenden Fragen:

- Mit welchen Personengruppen sind Sie gerne zusammen?
- Für welche Personengruppe würden Sie gerne etwas tun?

Kreuzen Sie in der folgenden Liste spontan die Gruppen an, auf die das zutrifft (Mehrfachnennungen sind erwünscht). Sie können in einem ersten Durchgang auch die Gruppen streichen, die sicher nicht in Frage kommen.

❏ Babys	☒ gesellschaftlich Benachteiligte	❏ Schüler
☒ Kinder		❏ Studierende
❏ Teenager	☒ seelisch tief Verletzte	❏ Pensionierte
☒ Jugendliche	❏ Abhängige/Suchtgefährdete	☒ Arbeitslose
❏ junge Erwachsene		❏ Geschäftsleute
❏ Erwachsene	❏ Arme	❏ Künstler
❏ Senioren	❏ Randgruppen	❏ Unternehmer
❏ _____	❏ Flüchtlinge	☒ wohlhabende Menschen
	❏ Häftlinge	
☒ Singles	❏ Ausländer	❏ Handwerker
☒ Verheiratete	❏ _____	❏ Journalisten
❏ Väter		❏ Musiker
❏ Mütter	☒ am Glauben Interessierte	❏ Politiker
❏ Geschiedene		❏ Abenteurer
❏ Alleinerziehende	❏ dem Glauben kritisch Gegenüberstehende	❏ berufstätige Frauen
❏ Verwitwete		❏ Pastoren
❏ minderjährige Mütter	❏ neu Bekehrte	❏ Sportler
❏ _____	❏ Angehörige anderer Religionen	❏ Akademiker
		❏ Arbeiter
☒ Gesunde	❏ _____	❏ _____
❏ Kranke		
❏ Behinderte		❏ neu Zugezogene
❏ _____		❏ Touristen
		❏ _____

Wählen Sie aus den angekreuzten Personengruppen die drei Gruppen aus, die Ihnen am wichtigsten sind:

1. _Kinder_
2. _Gesellschaftliche Benachteiligte_
3. _am Glauben Interessierte_

Welche von diesen 3 Gruppen würden Sie wählen, wenn Sie nur eine nennen könnten? Sie könnten Ihre Personengruppe auch in Ihren eigenen Worten formulieren:

Kinderarbeit

3. Positive Erfahrungen

Positive Erfahrungen, die wir in unserem Leben gemacht haben, deuten oft an, wo unsere Neigungen liegen könnten. Erstellen Sie eine Liste mit fünf bis sieben positiven Erfahrungen, die Sie in den letzten Jahren gemacht haben. Es können große oder kleine Erfolge sein, z. B. eine reparierte Uhr, ein organisiertes Fest, ein Preis oder eine Auszeichnung, ein Puzzle, das Sie fertig stellten, ein Freund, dem Sie beim Umzug halfen, eine Wohnung oder einen Garten, den Sie gestaltet haben usw.
Notieren Sie Ereignisse oder Erfahrungen, bei denen Sie zufrieden waren und die Ihnen Freude gemacht haben.

Fünf bis sieben positive Erfahrungen	Warum waren diese Erfahrungen für Sie wertvoll?
1.	
2.	
3.	
4.	
5.	
6.	
7.	

4. Träume

Falls Sie die Möglichkeit hätten, in einem Bereich die Welt oder Ihr Umfeld zu verändern, in welchem Bereich würden Sie anfangen?

Familie

Oft können andere Leute viel schneller sagen, wo unsere Neigungen liegen. Was würden Ihre **Freunde** sagen, wenn man sie fragt, was Sie am meisten begeistert?

Einheit 2: Neigungen   21

Was würden Sie am liebsten **für Menschen tun**?
Gottes Liebe näher bringen

In welcher **Funktion** könnten Sie in Ihrer Gemeinde wahrscheinlich den größten Beitrag leisten?

Stellen Sie sich vor, Sie haben **unbeschränkt Zeit**, **unbeschränkt Geld** und es könnte nichts schief gehen. Was würden Sie anpacken?

Wenn Sie **am Ende Ihres Lebens** zurückschauen: In welchem Bereich möchten Sie etwas erreicht haben?
Absicht zu Gott

Auswertung

Lesen Sie durch, was Sie geschrieben haben, und streichen Sie mit einem Leuchtmarker oder einem Stift sich wiederholende oder verwandte Aussagen an. Versuchen Sie, einen roten Faden zu finden. Kommen bestimmte *Worte* oder *Themen* immer wieder vor? Oder ist es eine bestimmte *Menschen-* oder *Altersgruppe*, die immer wieder vertreten ist? Oder sind Sie bei Ihren Aktivitäten immer in einer ähnlichen *Rolle*? Schreiben Sie die sich wiederholenden Elemente hier auf:

Tragen Sie in den nachstehenden Rahmen vier Begriffe ein, die Ihre Aussagen aus den vorhergehenden Seiten am besten beschreiben.

„Ich denke, ich könnte mich in folgenden Bereichen gut einbringen":

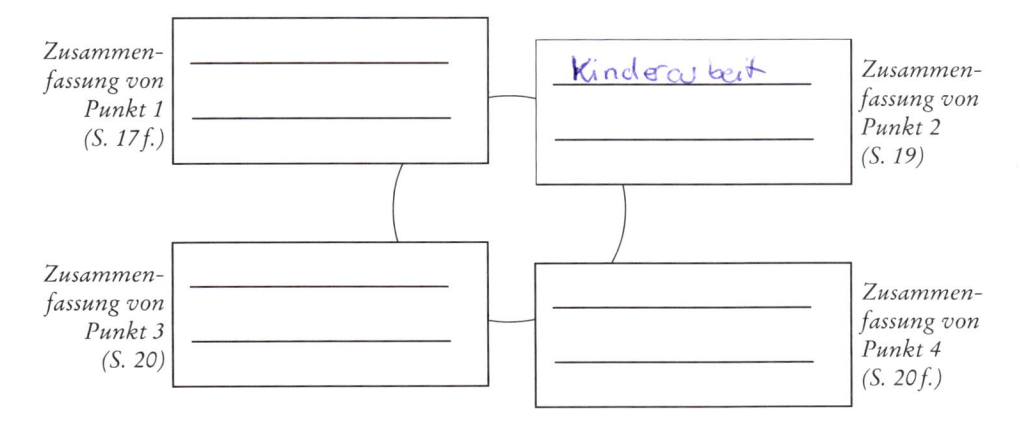

Zusammen-fassung von Punkt 1 (S. 17 f.)		*Kinderarbeit*	*Zusammen-fassung von Punkt 2 (S. 19)*
Zusammen-fassung von Punkt 3 (S. 20)			*Zusammen-fassung von Punkt 4 (S. 20 f.)*

Versuchen Sie, auf den folgenden Zeilen Ihre Neigung(en) zusammenzufassen. Lassen Sie sich dabei nicht davon beeinflussen, ob Ihre Gemeinde einen Dienst anbietet, der Ihren Neigungen entspricht. Jetzt geht es zuerst einmal um Sie. Denken Sie völlig frei!

„Meine Neigung ist ..."

_____

_____

_____

_____

_____

Auch wenn Sie diesen Neigungsfragebogen ausgefüllt haben, kann es sein, dass Sie noch keine klare Vorstellung von Ihren Neigungen haben. Das ist völlig in Ordnung. Im folgenden Abschnitt werden wir sehen, dass sich Neigungen teilweise erst über Jahre hinweg präzisieren. Wichtig ist, dass Sie auf Spurensuche bleiben.

Neigungen präzisieren

Die wenigsten Menschen wissen sofort, wo ihre Neigungen liegen. In der Regel braucht man einige Zeit, bis man sie genau formulieren kann. Die Neigungen sind also ganz ähnlich wie die 3D-Bilder, die vor einiger Zeit sehr populär waren. Erst mit der Zeit erkennt man das Bild, das sich dahinter verbirgt.

Je mehr Erfahrungen wir sammeln, umso genauer können wir unsere Neigungen auch formulieren. Jemand, der zuerst nur weiß, dass er gerne mit Kindern arbeitet, merkt nach und nach, dass er am liebsten mit Kindern allein erziehender Eltern arbeitet, die Beziehungsprobleme haben.

Beobachten Sie sich selbst, fragen Sie andere Menschen, und sammeln Sie Erfahrungen. So können Sie Ihre Neigung immer detaillierter beschreiben.

```
     ┌─────────────────────┐
      │      KINDER         │
      └─────────────────────┘
       ┌───────────────────┐
       │      KINDER       │
       │ ALLEIN ERZIEHENDER│
       │      ELTERN       │
       └───────────────────┘
        ┌─────────────────┐
        │     KINDER      │
        │ALLEIN ERZIEHENDER│
        │   ELTERN MIT    │
        │BEZIEHUNGSPROBLEMEN│
        └─────────────────┘
```

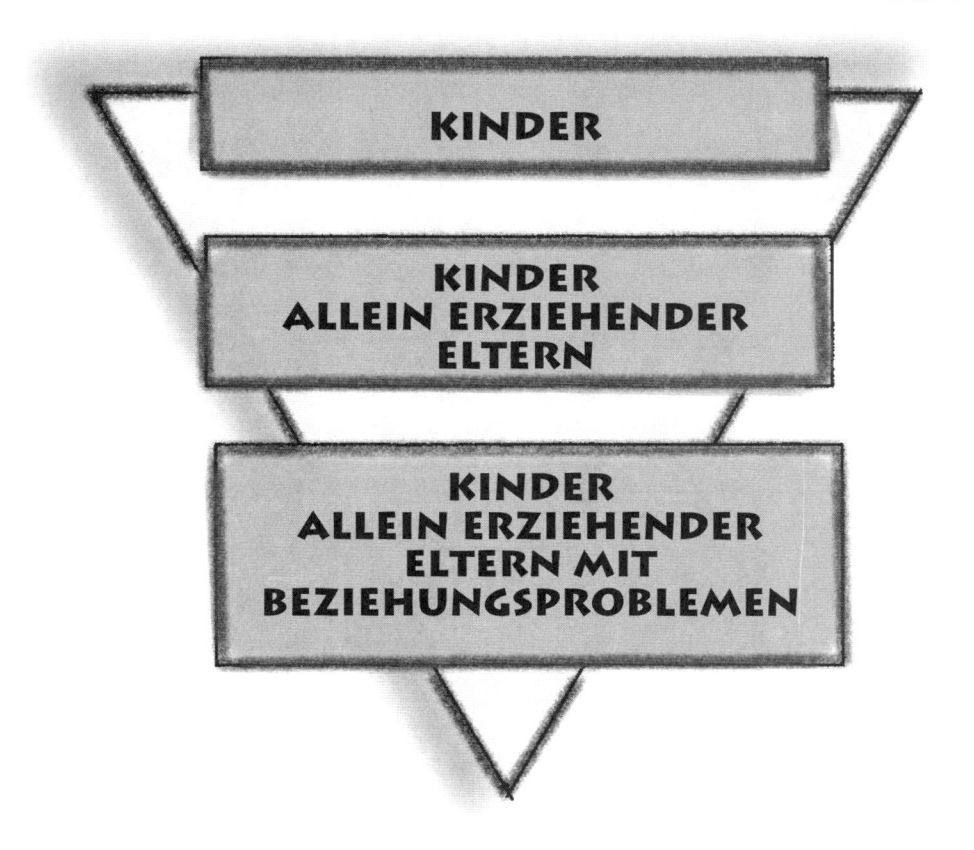

Beispiel, wie Neigungen mit der Zeit klarer werden.

Was denken Sie, wie lange dauert es, bis sich die eigenen Neigungen so weit präzisiert haben?

Kleingruppe: Tauschen Sie sich über Ihre Neigungen aus

Bilden Sie mit 3 anderen Leuten eine Kleingruppe und tauschen Sie sich über die folgenden Fragen aus:
- War es einfach für Sie, die Fragen zu den Neigungen zu beantworten?
- Hat sich bei Ihnen etwas heraus kristallisiert? Wo liegen Ihre Neigungen?
- Tragen Sie Ihre Neigung in das leere Raster auf der folgenden Seite ein. In welche Richtung könnte sich Ihre Neigung noch weiter präzisieren?
- Falls sich die Mitglieder der Gruppe kennen: Welche Neigungen haben Sie während der vergangenen Jahre beieinander entdeckt?

Helfen Sie sich gegenseitig, Ihre Neigungen besser zu verstehen.

„Ich habe eine Neigung für ..."

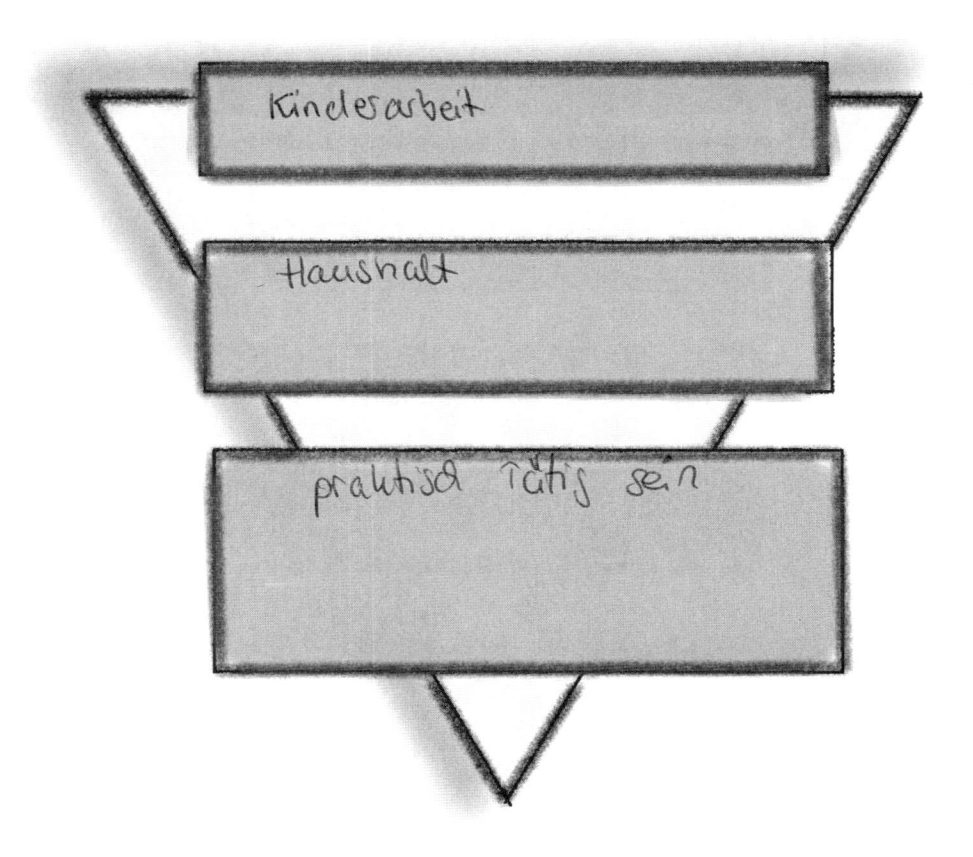

- Kinderarbeit
- Haushalt
- praktisch tätig sein

Übung für die kommende Woche

Beobachten Sie sich selbst:

- „Bei welchen Themen fühle ich mich angesprochen?"
- „Worüber denke ich sehr viel nach?"
- „Wo investiere ich viel Zeit und Energie, weil ich es für sinnvoll halte?"

Bitten Sie Gott, dass er Ihnen hilft, Ihre Neigungen zu entdecken.

_____
_____
_____
_____
_____

Zusammenfassung

Kennen Sie jemanden, der fest davon überzeugt ist, dass Jugendliche die wichtigste Altersgruppe sind, weil sie grundlegende Entscheidungen für ihr Leben treffen und die Zukunft unserer Gesellschaft sind? Kennen Sie eine solche Person? Dann haben Sie jemanden entdeckt, der oder die eine Neigung für die Arbeit mit Jugendlichen hat!

Unsere Neigungen beschreiben das Thema, das uns begeistert und für das wir uns gerne einsetzen. Es gibt Neigungen für Personengruppen (z. B. Jugendliche), für Themen (z. B. Umweltschutz) oder für Rollen (z. B. Beratung). Unsere Neigungen beantworten die Frage nach dem WO: Wo und wofür setzen wir uns am liebsten ein? Wo blühen wir auf? Wofür schlägt unser Herz?

Es gibt unzählige Menschen, Aufgaben und Dinge, die unsere Zeit und unseren Einsatz wert wären. Erfüllt und motiviert sind wir aber vor allem in dem Bereich, in dem unsere Neigungen liegen. Außerhalb unserer Neigungen verkümmern wir und unser Einsatz wird zur Last.

Die Tatsache, dass das Herz jedes Menschen für etwas anderes schlägt, ist eine Bereicherung. Unsere unterschiedlichen Neigungen ermöglichen es, dass wir uns in verschiedenen Bereichen einsetzen und so vielen Bedürfnissen begegnen können.

Wofür schlägt Ihr Herz? Wofür haben Sie eine Neigung? Seien Sie nicht enttäuscht, wenn Sie Ihre Neigungen nicht auf Anhieb formulieren können. Es ist ein Prozess, der einige Zeit dauert. Je mehr Erfahrungen Sie sammeln, umso präziser können Sie Ihre Neigung benennen. Die Fragen in dieser Einheit helfen Ihnen, Ihren Neigungen auf die Spur zu kommen und die Entdeckungsreise zu beginnen.

Einheit 3:
Gaben

Was Gott in Sie hineingelegt hat.

Geistliche Gaben sind ein Geschenk Gottes an Sie.

Mit Ihren Gaben können Sie ihm und anderen Menschen auf Ihre eigene, ganz besondere Art dienen.

Definition von geistlichen Gaben

In der Bibel gibt es 5 Stellen, an denen direkt über geistliche Gaben gesprochen wird.[1] Eine davon – 1. Korinther 12 – ist hier abgedruckt.

Erstellen Sie selbst anhand des Textes eine Definition, indem Sie die Fragen auf der rechten Seite beantworten und im Text die entsprechende Stelle einkreisen (siehe Beispiel).

12 [...] ¹Ich komme nun zu den Fähigkeiten, die der Geist Gottes schenkt, und sage euch, was ihr darüber wissen müsst. [...]	VON WEM kommen geistliche Gaben? _Geist Gottes_
⁴Es gibt verschiedene Gaben, doch ein und derselbe Geist teilt sie zu. ⁵Es gibt verschiedene Dienste, doch ein und derselbe Herr macht dazu fähig. ⁶Es gibt verschiedene Wunderkräfte, doch ein und derselbe Gott schenkt sie – er der alles in allen wirkt. ⁷Doch an jedem und jeder in der Gemeinde zeigt der Heilige Geist seine Wirkung in der Weise und mit dem Ziel, dass alle etwas davon haben.	WER hat Gaben? _jeder Christ_ WOZU dienen sie? _Nutzen für den Leib Christi_
⁸Die einen befähigt der Geist dazu, Gottes weisheitsvolle Pläne zu enthüllen, andere lässt er erkennen, was in einer schwierigen Lage getan werden soll.	WELCHE Gaben gibt es? *Weisheit* *Glauben* _Erkenntnis_
⁹Derselbe Geist gibt den einen besondere Glaubenskraft und den anderen die Kraft zu heilen [...]. ¹¹Aber das alles bewirkt ein und derselbe Geist. Wie er es will, teilt er jedem und jeder in der Gemeinde die eigene Fähigkeit zu.	_Heilung_ *(Diese Liste ist noch nicht vollständig, wir werden in Einheit 5 genauer darauf eingehen, welche Gaben es gibt.)*

Zusammenfassend ergibt sich die folgende Definition:

> Geistliche Gaben sind besondere Fähigkeiten, die der Heilige Geist jedem Christen nach Gottes Vorstellung und Gnade gibt, zum Nutzen für den ganzen Leib Christi.

---

[1] 1. Korinther 12; Römer 12; Epheser 4; 1. Petrus 4; Matthäus 25

Es gibt keine besseren oder schlechteren Gaben.

Geistliche Gaben sind das zweite Element Ihres D.I.E.N.S.T.-Profils. Sie beantworten die Frage nach dem _was_:
Was würden Sie gerne tun, um sich in der Gemeinde einzusetzen?

Was geistliche Gaben *nicht* sind

- Gaben sind keine Belohnung für besonders gute Christen. *Jeder* Christ hat mindestens eine geistliche Gabe.
- Gaben dienen keinem Selbstzweck, sondern sind für das Wohl der ganzen Gemeinde gedacht.
- Gaben sollten nicht mit der „Frucht des Geistes" (vgl. Galater 5,22) oder einem Amt verwechselt werden.

Unser D.I.E.N.S.T.-Profil (Neigungen, geistliche Gaben und Persönlichkeitsstil) ist also kein Ergebnis unserer Vorlieben, sondern von Gott gewollt.

In 1. Korinther 12, Vers 18 heißt es: „Nun aber hat Gott jedes einzelne Glied so in den Leib eingefügt, wie es seiner Absicht entsprach." Gott hat uns eine einzigartige Rolle gegeben, die wir spielen sollen.

Video: Musik und Landschaft

Was fällt Ihnen beim Betrachten des Videos auf?
___
___
___

Am Anfang spielt jedes der Instrumente für sich alleine, aber am Schluss spielen alle zusammen. Zusammen erreichen die Instrumente etwas, was keines für sich alleine geschafft hätte.

Jeder Teil für sich ist weder attraktiv noch effektiv. Erst im Zusammenspiel kann sich jedes Instrument voll entfalten.

Gottes Traum von Gemeinde

Gott stellt sich Gemeinde so vor, dass alle zusammenarbeiten und sich ergänzen. Das setzt zwei Dinge voraus:

1. Wir müssen unsere Einzigartigkeit *verstehen* – jeder Mensch ist einzigartig.
2. Wir müssen unsere Unterschiedlichkeit *schätzen*. Es ist eine Bereicherung, dass wir alle verschieden sind.

Abhängigkeit – Unabhängigkeit – Vernetzung

Das Verstehen und Akzeptieren von Unterschiedlichkeit erfordert Reife. Normalerweise sehen wir in der Unterschiedlichkeit eine Konkurrenz oder eine Schwäche des anderen. Je reifer wir werden, desto mehr können wir Unterschiedlichkeit als Ergänzung sehen. Diesen Reifeprozess muss jeder von uns im Leben durchlaufen.

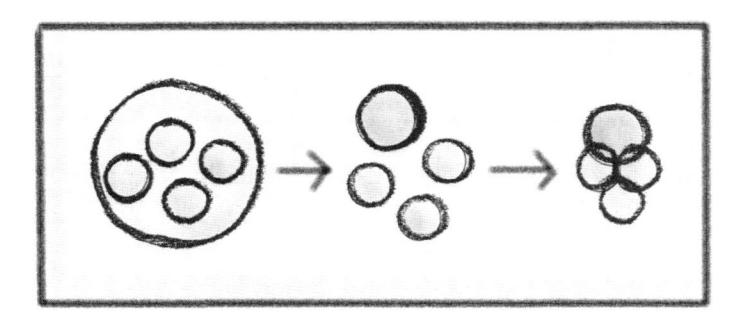

Abhängigkeit – Unabhängigkeit – Vernetzung
Ich kann nichts – ich kann alles alleine – ich habe Stärken, brauche aber auch Ergänzung

Abhängigkeit
Menschen, die ihre Einzigartigkeit noch nicht erkannt haben, sind wie Kinder, die noch von den Eltern abhängig sind.

Unabhängigkeit
Menschen, die denken, alles alleine zu können, gleichen Kindern in der Ablösungsphase (Teenager). Auch diese haben das Gefühl, sie könnten alles alleine und besser.

Vernetzung
Eine reife Person ist sich ihrer Stärken bewusst, ohne zu denken, dass sie alles alleine kann. Sie weiß, dass sie die Unterstützung anderer Menschen benötigt. Dieser Zustand der Vernetzung ist Gottes Traum von Gemeinde.

Oft wird bei uns Reife mit Unabhängigkeit gleichgesetzt, doch die höchste Form der Reife ist die der Zusammenarbeit und Ergänzung.

Kleingruppe: Einander ergänzen

Bilden Sie mit drei anderen Leuten eine Kleingruppe und sprechen Sie über folgende Fragen:

1. Welche Faktoren halten uns davon ab, uns gegenseitig als Leib Christi zu ergänzen und zu dienen?
   _____
   _____
   _____

2. Was könnten Sie tun, um mehr mit anderen zusammenzuarbeiten und sich zu ergänzen?
   _____
   _____
   _____

Was bedeutet Einheit in der Gemeinde?

1. Unterschiedlichkeit heißt nicht Trennung
„Wenn doch nur alle gleich wären, dann wäre es viel einfacher, in Einheit zu leben."

Wir denken, dass Unterschiedlichkeit automatisch Trennung bedeutet. Dem widerspricht die Bibel mit dem Bild des Körpers. Wenn wir uns in Liebe annehmen, führt Unterschiedlichkeit nicht zu Trennung, sondern zu Bereicherung (vgl. auch Einheit 7 dieses Kurses).

2. Einheit ist keine Gleichmacherei
„Wenn wir wirklich alle eins sein wollen, müssen wir alle gleich sein."

Auch dem widerspricht die Bibel: „Wie könnte ein Mensch hören, wenn er nur aus Augen bestünde? Wie könnte er riechen, wenn er nur aus Ohren bestünde? Nun aber hat Gott im Körper viele Teile geschaffen und hat jedem Teil seinen Platz zugewiesen, so wie er es gewollt hat. Wenn alle nur ein einzelner Teil wären, wo bliebe da der Leib? Aber nun gibt es viele Teile und alle gehören zu dem einen Leib" (1. Korinther 12,17–20).

3. Einheit durch ein gemeinsames Ziel
Einheit trotz der Verschiedenheit können wir dadurch erreichen, dass wir ein gemeinsames Ziel haben.

> „Liebe den Herrn, deinen Gott von ganzem Herzen, mit ganzem Willen und mit deinem ganzen Verstand! Dies ist das größte und wichtigste Gebot. Aber gleich wichtig ist ein zweites: Liebe deinen Mitmenschen wie dich selbst!" (Matthäus 22,37–40).

Sinn und Ziel jeder Kirche und jedes Gemeindeglieds ist es, Gott zu verherrlichen und den Nächsten zu lieben.

Betrachten Sie unter diesem Blickwinkel nochmals 1. Korinther 12, in dem Paulus Gottes Traum von Gemeinde beschreibt.

Übung für die kommende Woche

Beobachten Sie sich selbst:

- Was können Sie gut? Wo liegen Ihrer Ansicht nach Ihre Gaben?
- Wie gehen Sie damit um, wenn jemand anders ist als Sie? Heißt Unterschiedlichkeit bei Ihnen Trennung oder Ergänzung?
- Gehen Sie die Schritte, die Sie sich in der Kleingruppe vorgenommen haben, um sich besser zu ergänzen.

Zusammenfassung

Geistliche Gaben (z. B. Lehren, Helfen, Barmherzigkeit, Leiten) sind besondere Fähigkeiten, von denen jeder Christ von Gott mindestens eine erhält, damit er sie zum Wohl der Gemeinde einsetzt.

Gaben sind das zweite Element des D.I.E.N.S.T.-Profils. Gott hat uns eine ganz bestimmte Gabenkombination gegeben, damit wir sie für ihn einsetzen können.

Neigungen beantworten die Frage, WO wir uns einsetzen sollen, Gaben beantworten die Frage, WAS wir tun sollen.

Die Bibel vergleicht die Gemeinde mit einem Körper, dem Leib Christi (1. Korinther 12). Ein Körper besteht aus vielen verschiedenen Gliedern, von denen jedes einzigartig ist und seine ganz eigene Funktion besitzt, für die es geschaffen ist. Genauso wie im Körper der Kopf nicht zu den Füßen sagen kann: „Ich brauche euch nicht, weil ihr keine Köpfe seid", sollen auch wir alle Glieder im Leib Christi in ihrer Unterschiedlichkeit annehmen. Normalerweise reagieren wir auf Unterschiedlichkeit mit Abgrenzung. Wir wünschten, alle anderen Menschen wären wie wir oder wir hätten die Gabe eines anderen. Als Christen sollen wir unsere Unterschiedlichkeit aber als Ergänzung sehen und nicht als Grund zur Trennung. Wenn es uns in der Gemeinde gelingt, einander zu ergänzen, kann jeder das tun, wofür Gott ihn begabt hat, und so erfüllen wir gemeinsam Gottes Plan für die Gemeinde.

Einheit 4:
Wie entdecke ich meine Gaben?

Ein Reiseführer auf dem Weg zu Ihren Gaben.

Welche Gaben gibt es?

Wie kann ich meine Gaben entdecken?

Welche Hilfsmittel bietet D.I.E.N.S.T.?

Reiseführer

Mit dem D.I.E.N.S.T.-Seminar begeben Sie sich auf eine Entdeckungsreise zu Ihrer Persönlichkeit.

Brauchen Sie auf Ihrer Reise einen Reiseführer? In dieser Einheit werden 6 Meilensteine beschrieben, an denen Sie auf jeden Fall vorbeikommen sollten, wenn Sie Ihre Gaben entdecken wollen.

An einigen dieser Meilensteine kommen wir während des Kurses vorbei, die anderen sollten Sie nach dem Kurs ansteuern, denn das D.I.E.N.S.T.-Seminar ist nur der Anfang der Entdeckungsreise. So richtig spannend wird diese erst, wenn Sie auch nach dem Kurs „dranbleiben".

Das Reiseziel

Wohin geht die Reise?

Unser Reiseziel ist eine Gemeinde, wie Gott sie sich vorstellt.

Eine Gemeinde ...

- ... in der es Freude macht mitzuarbeiten, weil man weiß, dass man am richtigen Ort ist;
- ... in der jeder seine Gaben auslebt und sich einsetzt;
- ... mit einem gemeinsamen Ziel: Gott zu verherrlichen und den Mitmenschen zu dienen.

6 Meilensteine auf Ihrer Entdeckungsreise

Auf der folgenden Karte finden Sie 6 Meilensteine, an denen Sie auf Ihrer Entdeckungsreise vorbeikommen werden. Die Reihenfolge, in der Sie die Meilensteine ansteuern, ist nicht ausschlaggebend.

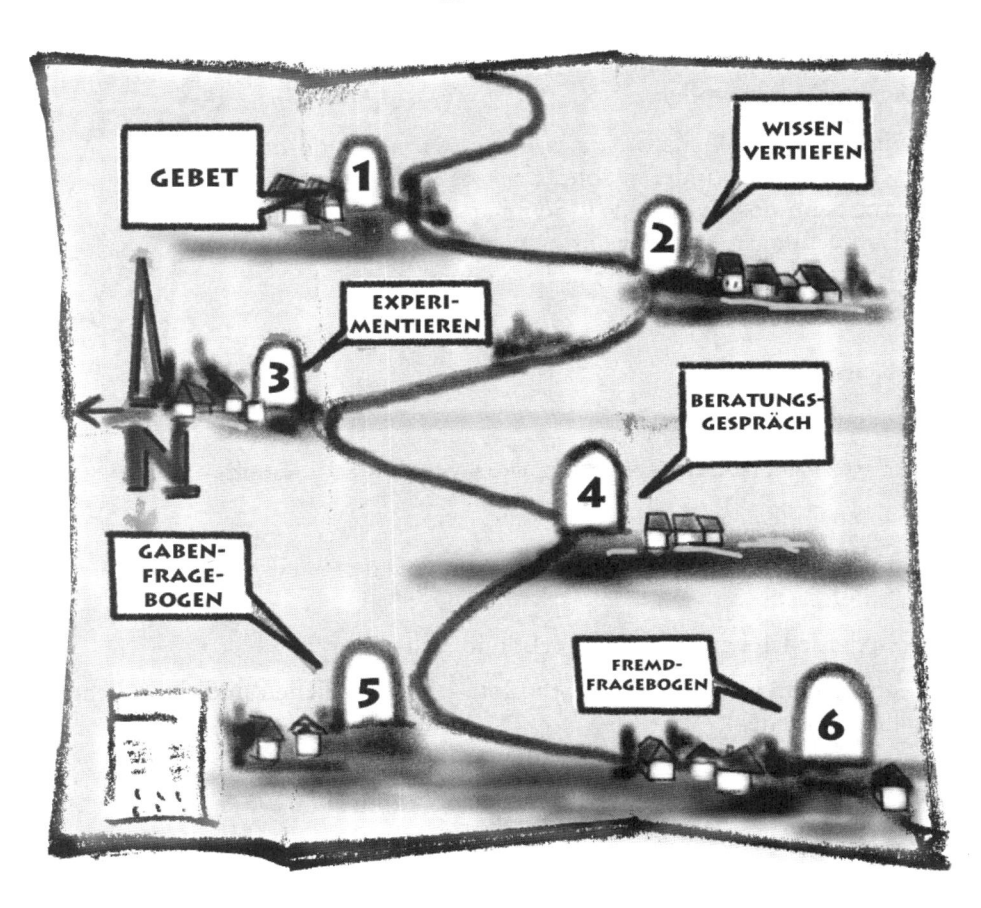

Die 6 Meilensteine auf der Landkarte der Entdeckungsreise

Einheit 4: Wie entdecke ich meine Gaben? 35

Meilenstein 1: Gebet

Gott hat uns die geistlichen Gaben gegeben, und es ist sein Wunsch, dass wir sie entdecken und einsetzen. Gibt es etwas Besseres, als bewusst mit ihm auf diese Entdeckungsreise zu gehen?

> „So schlecht ihr auch seid, ihr wisst doch, was euren Kindern gut tut, und gebt es ihnen. Wie viel mehr wird der Vater im Himmel denen den Heiligen Geist geben, die ihn darum bitten?" (Lukas 11,13).

Meilenstein 2: Wissen vertiefen

Wenn Sie Ihre Gaben entdecken wollen, müssen Sie zunächst Ihr Wissen darüber vertiefen. Der D.I.E.N.S.T.-Kurs gibt Ihnen dabei einen kleinen Einblick.

Lesen Sie z. B. die 5 zentralen Stellen zum Thema Gaben in der Bibel:

- 1. Korinther 12
- Römer 12
- Epheser 4
- 1. Petrus 4
- Matthäus 25

Machen Sie sich mit den verschiedenen Gaben, die es gibt, vertraut und lesen Sie die Beschreibungen der einzelnen Gaben in Einheit 5 dieses Buches durch.

Es gibt darüber hinaus noch unzählige Bücher zum Thema „Geistliche Gaben". Hinweise dazu finden Sie am Ende dieses Buches.

Welche Gaben gibt es?

Anleitung
Lesen Sie die angegebenen Bibelstellen und tragen Sie die genannten geistlichen Gaben in die Spalte neben dem Bibeltext ein. Einige geistliche Gaben werden mehrfach genannt. Schreiben Sie sie nur auf, wenn sie das erste Mal genannt werden.

Einheit 4: Wie entdecke ich meine Gaben?

1. Korinther 12,8–10

Dem einen wird vom Geist die Gabe geschenkt, Weisheit mitzuteilen, dem andern durch den gleichen Geist die Gabe, Erkenntnis zu vermitteln, dem dritten im gleichen Geist Glaubenskraft, einem andern – immer in dem einen Geist – die Gabe, Krankheiten zu heilen, einem andern Wunderkräfte, einem andern prophetisches Reden, einem andern die Fähigkeit, die Geister zu unterscheiden, wieder einem andern verschiedene Arten von Zungenrede, einem andern schließlich die Gabe, sie zu deuten.

1. Korinther 12,28

So hat Gott in der Kirche die einen als Apostel eingesetzt, die andern als Propheten, die dritten als Lehrer; ferner verlieh er die Kraft, Wunder zu tun, sodann die Gaben Krankheiten zu heilen, zu helfen, zu leiten, endlich die verschiedenen Arten von Zungenrede.

Römer 12,6–8

Wir haben unterschiedliche Gaben, je nach der uns verliehenen Gnade. Hat einer die Gabe prophetischer Rede, dann rede er in Übereinstimmung mit dem Glauben; hat einer die Gabe des Dienens, dann diene er. Wer zum Lehren berufen ist, der lehre; wer zum Trösten und Ermahnen berufen ist, der tröste und ermahne. Wer gibt, gebe ohne Hintergedanken; wer Vorsteher ist, setze sich eifrig ein; wer Barmherzigkeit übt, der tue es freudig.

Epheser 4,11

Und er gab den einen das Apostelamt, andere setzte er als Propheten ein, andere als Evangelisten, andere als Hirten und Lehrer.

Erwähnte Gaben:

1. Weisheit
2. Erkenntnis
3. Glaubenskraft
4. Krankheiten heilen
5. Wunderkräfte
6. prophetisches Reden
7. Geister unterscheiden
8. Zungenreden
9. deuten

10. Apostel
11. Lehrer
12. helfen (dienen)
13. (leiten) organisieren

14. trösten/ermahnen Ermutigung (seelsorg)
15. geben
16. Leitung
17. Barmherzigkeit

18. Evangelisten
19. Hirten

1. Petrus 4,9–10

Seid untereinander gastfreundlich, ohne zu murren. Dient einander als gute Verwalter der vielfältigen Gnade Gottes, jeder mit der Gabe, die er empfangen hat.

20. _gastfreundlich_

Exodus 31,3-5

Ich habe ihn mit dem Geist Gottes erfüllt, mit Weisheit, Verstand und mit Kenntnis für jegliche Arbeit. Er kann Bilder und Gegenstände entwerfen und sie in Gold, Silber oder Bronze ausführen; er kann Edelsteine schneiden und fassen und Holz kunstvoll bearbeiten; in jeder künstlerischen Technik ist er erfahren.

21. _handwerk_

1. Timotheus 2,1–2

Vor allem fordere ich zu Bitten und Gebeten, zu Fürbitte und zu Danksagung auf, und zwar für alle Menschen, für die Herrscher und für alle, die Macht ausüben, damit wir in aller Frömmigkeit und Rechtschaffenheit ungestört und ruhig leben können.

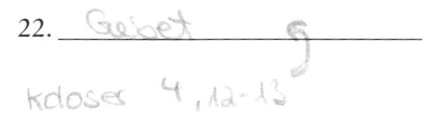

22. _Gebet_
kloser 4,12-13

Psalm 150,3–5

Lobt ihn mit dem Schall der Hörner, lobt ihn mit Harfe und Zither! Lobt ihn mit Pauken und Tanz, lobt ihn mit Flöten und Saitenspiel! Lobt ihn mit hellen Zimbeln, lobt ihn mit klingenden Zimbeln!

23. _Musik_

Die erwähnten geistlichen Gaben sind in den unterschiedlichen Bibelstellen nicht identisch. Sie unterscheiden sich in der Anordnung der Gaben und im Inhalt. Auch die Liste der Gaben, die in diesem Kurs behandelt werden, ist vielleicht nicht deckungsgleich mit der Liste in anderen Büchern. Lesen Sie deshalb die Beschreibungen der einzelnen Gaben aufmerksam durch.

Kleingruppe: Gabenquiz – Was bedeuten die Gaben?

Gaben sind Geschenke Gottes an uns Menschen. Finden Sie heraus, welche Beschreibung zu welchem „Geschenk" gehört.

Anleitung
Auf den folgenden Seiten sehen Sie die Beschreibungen einzelner Gaben und links davon ein Geschenk mit einem leeren Etikett.

Ihre Aufgabe ist es, herauszufinden, welche Gabe in der rechten Spalte beschrieben wird, und sie in das leere Etikett einzutragen. Als Hilfe finden Sie am Ende jedes Blocks eine Auswahl von Gaben, auf die die Beschreibungen zutreffen könnten.

Teilen Sie sich in Kleingruppen auf. Auf den folgenden Seiten finden Sie Gaben und deren Beschreibungen. Ein Mitglied der Gruppe liest eine Beschreibung laut vor, und die Gruppe versucht dann, dieser die entsprechende Gabe zuzuordnen.

Ziel ist es nicht, möglichst schnell fertig zu sein, sondern sich mit den Gaben und deren Kennzeichen auseinander zu setzen.

Gruppe 1	
Geistliche Gabe	Beschreibung
(Geschenk-Symbol: Organisation)	A. Die von Gott gegebene Fähigkeit, Arbeitsabläufe so zu planen und durchzuführen, dass gesteckte Ziele erreicht werden können. Menschen mit dieser Gabe lieben es, Abläufe zu entwickeln und Details zu planen, damit ein reibungsloser Ablauf gewährleistet ist. Dies kann sich auf Organisationen, Projekte oder Anlässe beziehen. Sie haben ein Auge dafür, was man noch verbessern könnte, um effizienter zu sein und Reibungsverluste zu minimieren.
(Geschenk-Symbol: Apostel)	B. Die von Gott gegebene Fähigkeit, neue Dienstbereiche oder Gemeinden aufzubauen und zu betreuen. Wo andere Menschen Grenzen sehen, sehen Menschen mit dieser Gabe Möglichkeiten; wo andere Hindernisse sehen, sehen sie Herausforderungen. Sie leisten Pionierarbeit beim Aufbau von Gemeinden oder Dienstbereichen und können sich schnell an neue Situationen anpassen und darin etwas bewirken. Auf Grund ihrer geistlichen Autorität werden sie als Pioniere anerkannt und betreuen deshalb oft mehrere Dienste in einer Gemeinde oder arbeiten übergemeindlich.
(Geschenk-Symbol: Handwerk)	C. Die von Gott gegebene Fähigkeit, Dinge zu entwerfen, herzustellen oder zu reparieren, die praktisch einsetzbar sind. Menschen mit dieser Gabe sind praktisch begabt und können gut mit verschiedenen Werkzeugen und Materialien umgehen (Holz, Stein, Farbe, Metall, Stoff, Glas usw.). Sie fertigen gerne Dinge an, die sie oder andere Menschen gebrauchen können. Wenn es darum geht, etwas zu reparieren, brauchen Sie nicht unbedingt den Fachmann, sondern packen das Problem selbst an. Die Gabe ist sehr breit gefächert und kann sich in vielfältiger Form zeigen: Bau, Garten, Reparatur, Schreinern, Nähen usw.
	D. Die von Gott gegebene Fähigkeit, mit Hilfe künstlerischer Ausdrucksformen von Gott zu erzählen. Menschen mit dieser Gabe sprudeln vor Ideen, wie man etwas auf eine neue Art ausdrücken oder gestal-

 [Geschenk: Kreativität]	ten kann. Die Gabe ist sehr breit gefächert und kann im Bereich Musik, Gesang, Malen, Theater, Video, Literatur, Basteln, Gestalten usw. liegen. Menschen mit dieser Gabe haben auch im Alltag viele Ideen, wie man etwas gestalten kann. Sie entwickeln ihre Gabe gerne weiter und vertiefen sie.
[Geschenk: Unterscheidung]	E. Die von Gott gegebene Fähigkeit, Wahrheit und Irrtum klar aufzuzeigen. Die Gabe beinhaltet die Fähigkeit, die Geister zu unterscheiden und zu sehen, was gut und böse, richtig und falsch ist. Menschen mit dieser Gabe achten sehr genau auf die Motivation, die sich hinter einer Handlung verbirgt, und lassen sich nicht von Erfolgen oder schönen Worten blenden. Sie sehen hinter Masken und Verstellungen und erkennen Falschheit, die andere nicht erkennen. Sie spüren, wenn eine Person etwas vorspielt, oft bevor es sich in konkreten Handlungen zeigt.
 [Geschenk: Ermutigung]	F. Die von Gott gegebene Fähigkeit, andere Menschen zu ermutigen. Menschen mit dieser Gabe schaffen intuitiv ein Umfeld, in dem andere auftanken und ermutigt weitergehen können. Sie motivieren andere dazu, wieder auf Gott und seine Verheißungen zu vertrauen und neuen Mut zu schöpfen. Indem sie die starken und positiven Seiten hervorheben, werden Entmutigte zum Handeln bewegt und gewinnen wieder eine neue Perspektive, wo zuvor alles grau und hoffnungslos erschien.

Handwerk	Kreativität	Prophetie
Leitung	Unterscheidung	Organisation
Apostel	Ermutigung	Erkenntnis

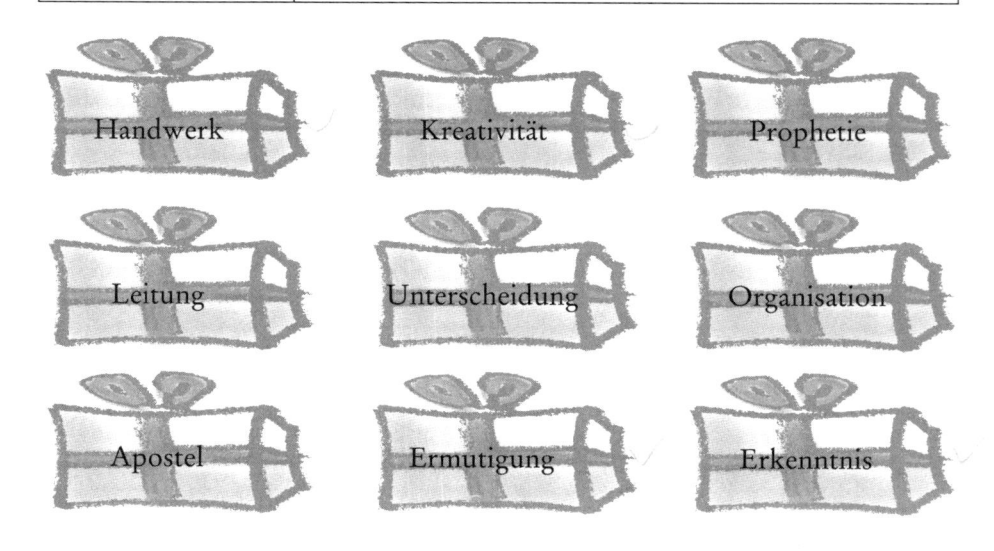

Einheit 4: Wie entdecke ich meine Gaben?

Gruppe 2	
Geistliche Gabe	Beschreibung
Evangelisation	G. Die von Gott gegebene Fähigkeit, die Gute Nachricht wirkungsvoll Nichtchristen weiterzugeben, sodass diese zum Glauben an Jesus Christus kommen. Menschen mit dieser Gabe fühlen sich zu denen hingezogen, die Gott noch nicht kennen, und bauen gerne Beziehungen zu ihnen auf. Ihnen fällt es leichter als anderen, über ihren Glauben zu reden oder ein Gespräch auf den Glauben zu lenken. Sie leben ihr Christsein so, dass andere darauf aufmerksam werden.
Glauben	H. Die von Gott gegebene Fähigkeit, im Vertrauen auf Gottes Wort zu handeln und unerschütterlich daran zu glauben, dass er seine Verheißungen erfüllt. Menschen mit dieser Gabe glauben unerschütterlich an Gottes Zusagen und ermutigen auch andere Menschen dazu, Gott ganz zu vertrauen. Weil sie überzeugt sind, dass Gott alle Hindernisse überwinden kann, gehen sie vorwärts, wenn sie sich von Gott geführt wissen, auch wenn andere stehen bleiben. Sie vertrauen darauf, dass Gott für sie sorgen wird.
Geben	I. Die von Gott gegebene Fähigkeit, gerne und freiwillig Geld und andere Mittel für Menschen und Projekte zu spenden. Menschen mit dieser Gabe freuen sich, wenn sie durch ihre Sach- oder Geldspende eine Arbeit ermöglichen oder voranbringen können. Sie sehen ihre Gabe als ein Vorrecht, für Gott etwas zu tun, und fragen deshalb nicht, wie viel sie spenden müssen, sondern wie viel sie zum Leben brauchen, um den Rest spenden zu können. Sie stellen großzügig Mittel zur Verfügung und vertrauen darauf, dass Gott sie versorgt. Wenn Menschen mit dieser Gabe viel Geld verdienen, kann durch sie im Reich Gottes Großes entstehen und nachhaltig bewirkt werden.
Heilung	J. Die von Gott gegebene Fähigkeit, Gottes Werkzeug zu sein, damit Menschen an Leib, Seele und Geist wieder völlig gesund werden. Sie beten für andere Menschen und erleben, dass Gott oft Gesundheit

	schenkt. Sie stellen sich nicht selbst als Urheber der Ereignisse dar, sondern benutzen die Gelegenheit, um Gott zu verherrlichen und biblische Aussagen weiterzugeben.
Helfen	K. Die von Gott gegebene Fähigkeit, praktische und notwendige Aufgaben zu erfüllen, die andere entlasten, unterstützen und ihren Bedürfnissen entgegenkommen. Menschen mit dieser Gabe haben ein Auge für Dinge, die erledigt werden müssen, und packen sie an, auch ohne darum gebeten worden zu sein. Es macht ihnen Freude, wenn sie andere Menschen entlasten können, auch wenn es unbeachtet im Hintergrund geschieht. Ihre Arbeit unterstützt die Gemeinde und bekommt dadurch eine geistliche Dimension.
Gastfreundschaft	L. Die von Gott gegebene Fähigkeit, für andere Menschen zu sorgen und ihnen Freundschaft anzubieten. Menschen mit dieser Gabe haben ein „offenes" Haus, sodass man sich spontan willkommen fühlt. Auch außerhalb ihres Heims verströmen sie Wärme und schaffen eine ungezwungene Atmosphäre, in der Beziehungen entstehen können. Sie ermöglichen es Menschen, sich auch in ungewohnten Situationen schneller wohl zu fühlen.

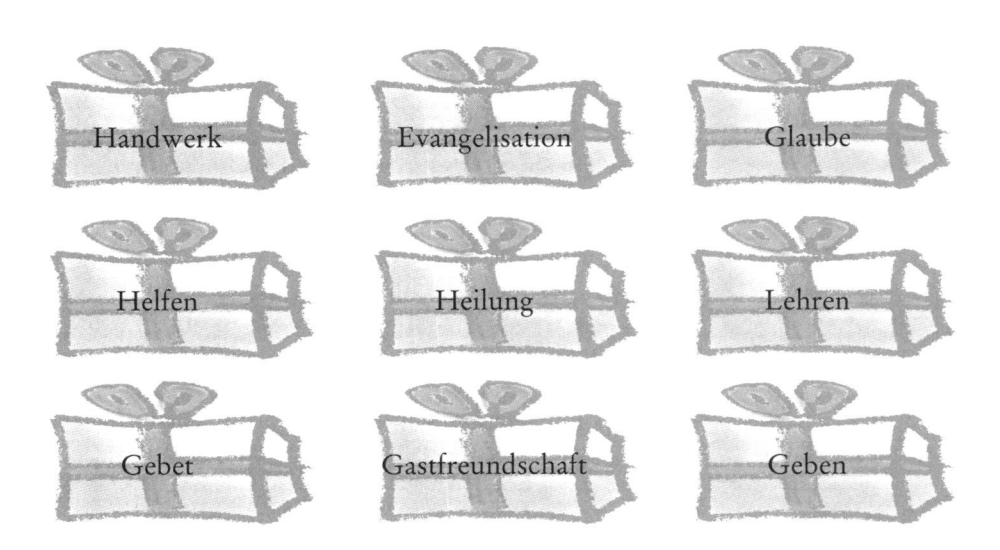

Handwerk   Evangelisation   Glaube

Helfen   Heilung   Lehren

Gebet   Gastfreundschaft   Geben

Einheit 4: Wie entdecke ich meine Gaben?

Gruppe 3	
Geistliche Gabe	Beschreibung
(Geschenk-Symbol: Gebet)	M. Die von Gott gegebene Fähigkeit, regelmäßig für die Anliegen anderer Menschen zu beten und konkrete Ergebnisse zu erwarten. Wenn Menschen mit dieser Gabe von einer Notsituation oder einem Hindernis hören, reagieren sie spontan mit dem Vorschlag, dafür zu beten. Sie beten gerne und regelmäßig für Menschen und Anliegen und sind sich bewusst, wie wichtig Gebet ist. Sie sind davon überzeugt, dass Gott Gebet beantwortet und daraufhin handelt.
(Geschenk-Symbol: Auslegen)	N. Die von Gott gegebene Fähigkeit, der Gemeinde die Worte, die jemand in Sprachen redet, verständlich zu machen. Menschen mit dieser Gabe übernehmen eine Übersetzerfunktion in der Gemeinde. Sie legen das eigene Sprachengebet oder das anderer aus und machen es damit für die Gemeinde erst verständlich. Mit ihrer Gabe verherrlichen sie Gott, indem sie auf seine Größe und sein Reden hinweisen.
(Geschenk-Symbol: Erkenntnis)	O. Die von Gott gegebene Fähigkeit, anderen Christen Wissen von Gott zu vermitteln. Menschen mit dieser Gabe sammeln mit großem Eifer Wissen, wo andere sich mit weniger zufrieden geben. Sie haben die Fähigkeit, biblische Wahrheiten und Zusammenhänge auffallend gut zu erfassen und zu entfalten. Oft können sie ihre Entdeckungen, die für das geistliche Wachstum des Einzelnen und der ganzen Gemeinde wichtig sind, klar und verständlich weitergeben.
(Geschenk-Symbol: Leitung)	P. Die von Gott gegebene Fähigkeit, Perspektiven zu vermitteln, Menschen zu motivieren und so zu führen, dass sie gemeinsam Gottes Ziele erreichen. Menschen mit dieser Gabe sind richtungsweisend in der Gemeinde oder in einem Teilbereich der Gemeinde. Sie motivieren andere Menschen dazu, das Beste aus ihren Möglichkeiten zu machen, und zeigen ihnen, „wo es lang geht". Sie setzen Maßstäbe für einzelne Dienstbereiche, übernehmen Verantwortung und stecken Ziele.

	Q. Die von Gott gegebene Fähigkeit, gerne und ganz praktisch Menschen zu helfen, die leiden oder in Not sind. Im Gleichnis vom barmherzigen Samariter gehen zwei Menschen an dem verletzten Mann vorbei, den Dritten treibt das Mitleid zum Handeln … Menschen mit dieser Gabe können nicht an Leidenden vorübergehen, ohne berührt zu werden. Sie sind bemüht, Leid zu lindern und dessen Ursachen zu bekämpfen. Es erfüllt sie mit Freude und Befriedigung, wenn sie ganz praktisch denen helfen können, die auf irgendeine Weise (seelisch, körperlich, sozial usw.) in Not sind. Sie helfen Menschen in Not und Krisen durch praktisch tätige Liebe, Güte und Wertschätzung.
(Barmherzigkeit)	
 *(Wunder)*	R. Die von Gott gegebene Fähigkeit, durch übernatürliche Ereignisse Gottes Wirken sichtbar werden zu lassen. Durch Menschen, die diese Gabe haben, wirkt Gott Taten, die weit über das hinausgehen, was „natürlich" möglich ist (z. B. Durchbrechen von Naturgesetzen). Sie vertrauen auf Gottes Macht, auch wenn die äußeren Umstände dagegen sprechen. Der Einsatz der Gabe dient aber nicht einem Selbstzweck, sondern verherrlicht Gott und weist immer auf seine Macht hin.

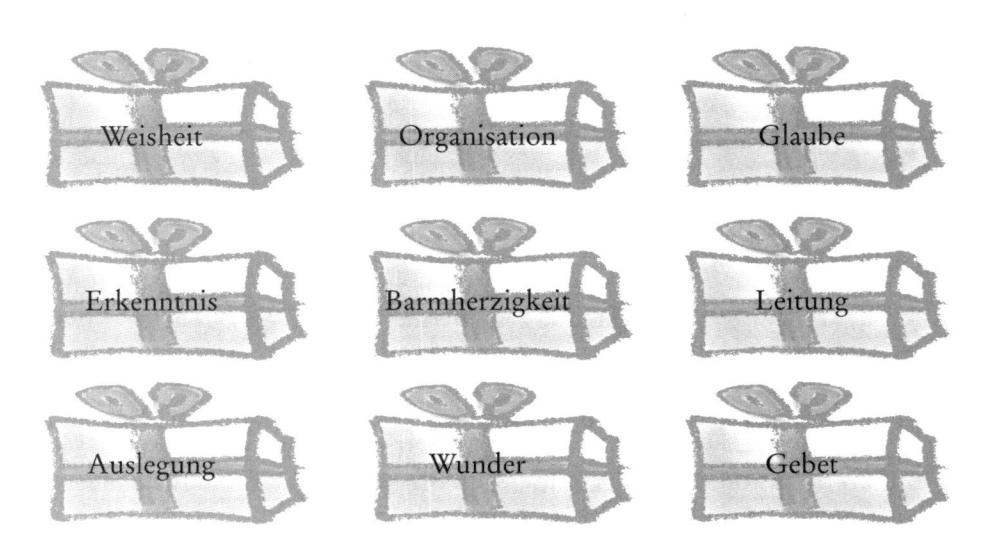

Weisheit　　Organisation　　Glaube

Erkenntnis　　Barmherzigkeit　　Leitung

Auslegung　　Wunder　　Gebet

Einheit 4: Wie entdecke ich meine Gaben? 45

Gruppe 4	
Geistliche Gabe	Beschreibung
(Geschenk mit Aufschrift „Prophetie")	S. Die von Gott gegebene Fähigkeit, Gottes Wahrheit für eine bestimmte Situation zu offenbaren und so konkret auszusprechen, dass sie zu mehr Verständnis, zu Korrektur, Umkehr oder Ermutigung führt. Wenn sich in der Gesellschaft Verhaltensmuster oder Trends einschleichen, die im Widerspruch zur Bibel stehen, sind Menschen mit dieser Gabe oft die ersten, die dies erkennen. Sie haben den Mut, ihre Beobachtungen offen auszusprechen und in das Leben von Menschen und Gruppen hineinzusprechen, auch wenn die Wahrheit vielleicht unbequem ist. So bewirken sie Veränderungen, Reue, Ermutigung oder Korrektur. Die Botschaft von Menschen mit dieser Gabe kann also auf die Gegenwart oder die Zukunft bezogen sein.
(Geschenk mit Aufschrift „Hirtendienst")	T. Die von Gott gegebene Fähigkeit, Menschen zu fördern, für sie zu sorgen und sie zu geistlichem Wachstum und Reife zu führen, damit sie Christus immer ähnlicher werden. Menschen mit dieser Gabe lieben es, in andere Menschen zu investieren, indem sie beständige Beziehungen zu ihnen aufbauen und ihnen helfen, persönlich und geistlich zu wachsen. Sie erkennen die Stärken und Schwächen der Menschen und unterstützen zielgerichtete Schritte zur Reife.
(Geschenk mit Aufschrift „Lehren")	U. Die von Gott gegebene Fähigkeit, die Bibel zu verstehen, verständlich zu erklären und so auf das Leben anzuwenden, dass andere in ihrem Glauben und Leben einen Schritt vorwärts gehen können. Wenn Menschen mit dieser Gabe auf neues Wissen stoßen, überlegen sie sich intuitiv, wie sie es an andere weitergeben können. Sie verwenden viel Sorgfalt auf Einzelheiten und nehmen sich Zeit zum (Bibel-)Studium und zum Nachdenken. Ihr Wissen können sie interessant und abwechslungsreich weitergeben, sodass andere Menschen es verstehen und auf ihr Leben anwenden können.
	V. Die von Gott gegebene Fähigkeit, in einer Sprache, die der Sprecher nicht kennt, zu reden, zu beten oder Gott zu loben. Die Gabe kann im privaten Gebet oder

46 Einheit 4: Wie entdecke ich meine Gaben?

	in der Gemeinde praktiziert werden. Im Allgemeinen dient sie der persönlichen Auferbauung des Betenden. Wenn sie jedoch durch die Gabe der Auslegung unterstützt wird, kann es der ganzen Gemeinde dienen. Menschen mit dieser Gabe können so eine Botschaft von Gott weitergeben. Beim Einsatz in der Gemeinde sollte sie gemäß 1. Korinther 14 ausgelegt werden.
	W. Die von Gott gegebene Fähigkeit, geistliche Wahrheiten und Wissen auf eine konkrete Situation oder ein Bedürfnis anzuwenden. Wenn Menschen unsicher sind, wie sie sich in einer bestimmten Situation verhalten sollen, oder wenn sie einen Rat benötigen, helfen ihnen andere weiter, die diese Gabe haben. Menschen mit dieser Gabe geht es nicht in erster Linie darum, sich neues Wissen anzueignen, sondern sie schöpfen aus ihrem Erfahrungsschatz und wenden ihr Wissen ganz praktisch an.

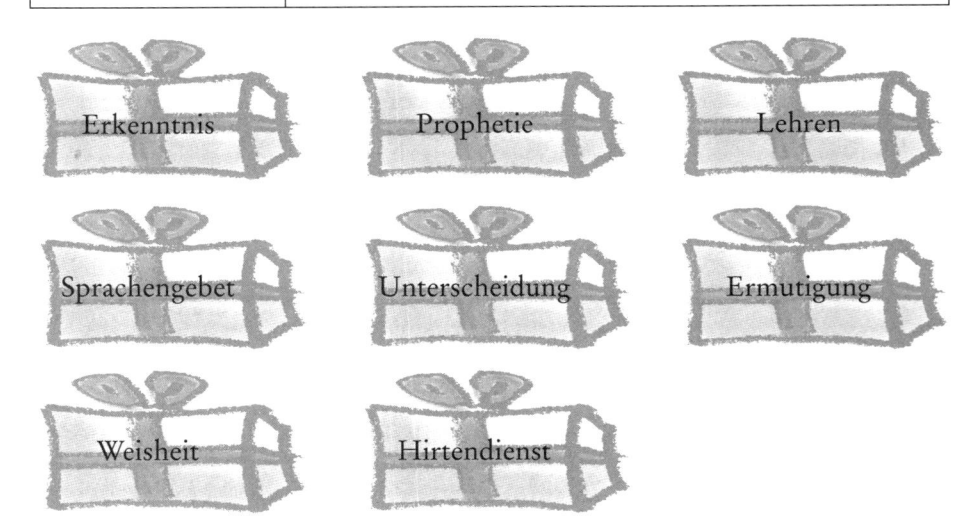

Erkenntnis   Prophetie   Lehren

Sprachengebet   Unterscheidung   Ermutigung

Weisheit   Hirtendienst

Lösungen

Gruppe 1: A: Organisation; B: Apostel; C: Handwerk; D: Kreativität; E: Unterscheidung der Geister; F: Ermutigung

Gruppe 2: G: Evangelisation; H: Glaube; I: Geben; J: Heilung; K: Helfen; L: Gastfreundschaft

Gruppe 3: M: Gebet; N: Auslegung von Sprachengebet; O: Erkenntnis; P: Leitung; Q: Barmherzigkeit; R: Wundertaten

Gruppe 4: S: Prophetie; T: Hirtendienst; U: Lehren; V: Sprachengebet; W: Weisheit

Meilenstein 3: Experimentieren Sie!

Bleiben Sie nicht bei der Theorie stehen, sondern starten Sie in die Praxis! Ihre Gaben entfalten Sie erst, wenn Sie sich ein Übungsfeld suchen, in dem Sie Ihre Gaben einsetzen können.

Versuchen Sie etwas Neues, experimentieren Sie, und holen Sie danach die Meinung anderer Menschen ein, ob Ihre Gaben in diesem Bereich liegen könnten.

Beobachten Sie andere Menschen, und versuchen Sie herauszufinden, welche Gaben sie haben.

Video: Gaben im Alltag eingesetzt

Anleitung
Schauen Sie sich das Video an, und versuchen Sie herauszufinden, welche Person welche Gaben hat.

Notieren Sie im Folgenden, welche Gaben Sie entdeckt haben.

Name: Gabe:

Uli: _____

Annette: _____

_____

_____

_____

_____

_____

Meilenstein 4: D.I.E.N.S.T.-Beratungsgespräch

Während des D.I.E.N.S.T.-Beratungsgesprächs haben Sie Gelegenheit, sich nochmals zusammen mit einem/einer Berater/in mit Ihren Neigungen, Gaben und Ihrem Persönlichkeitsstil zu beschäftigen und einen Platz in der Gemeinde zu finden, der zu Ihnen passt.

Das Beratungsgespräch ist ein wichtiger Bestandteil der Entdeckungsreise, es hilft Ihnen, das Gehörte in die Tat umzusetzen.

Meilenstein 5: Gabenfragebogen

Die Fragen des folgenden Gabenfragebogens helfen Ihnen, Ihre Gaben zu entdecken. Sie selbst wissen wohl am besten, was Ihnen Freude macht, und können ungefähr einschätzen, wo Ihre Gaben liegen.

Nach dem Ausfüllen erhalten Sie für jede Gabe eine Punktzahl, die angibt, wie stark diese Gabe bei Ihnen ausgeprägt ist.

Bewerten Sie sich spontan und ehrlich und nicht so, wie Sie gerne wären oder wie Sie Ihrer Meinung nach sein sollten. Wie stark treffen die einzelnen Aussagen auf Sie zu? Was war Ihre bisherige Erfahrung? Inwieweit spiegeln diese Aussagen die Ansichten wider, die Sie normalerweise vertreten, oder entsprechen Ihrem normalen Handeln?

Anleitung:

1. Lesen Sie alle Fragen durch und kreuzen Sie bei jeder Frage die Antwort an, die gemäß folgendem Raster am ehesten auf Sie zutrifft.

   Die Aussage trifft
   5 = sehr stark, sehr häufig
   4 = stark, oft
   2 = weniger stark, manchmal
   1 = nur sehr schwach, selten
   0 = gar nicht, nie   **auf Sie zu.**

2. Jede Frage hat eine Nummer, die einem Feld der unten stehenden Tabelle entspricht. Nachdem Sie alle Fragen beantwortet haben, tragen Sie in jedes Feld den Zahlenwert Ihrer Antwort auf die Frage mit der entsprechenden Nummer ein.

3. Zählen Sie die Werte jeder Spalte zusammen und tragen Sie die Summe in die unterste Zeile ein. Damit haben Sie Ihre Punktzahl für jede Gabe errechnet.

4. Jeder Buchstabe von A bis S entspricht einer Gabe. Tragen Sie die fünf Gaben mit der höchsten Punktzahl in die dafür vorgesehenen Zeilen ein.

   A = Organisation
   B = Apostel
   C = Handwerk
   D = Kreativität
   E = Unterscheidung
   F = Ermutigung
   G = Evangelisation
   H = Glaube
   I = Geben
   J = Helfen

   K = Gastfreundschaft
   L = Gebet
   M = Erkenntnis
   N = Leitung
   O = Barmherzigkeit
   P = Prophetie
   Q = Hirtendienst
   R = Lehren
   S = Weisheit

Einheit 4: Wie entdecke ich meine Gaben?   49

	2	1	5	5	1	1	1	2	2	5	2	2	0	0	2	0	0	0	2
	1	2	3	4	5	6	7	8	9	10	11	12	13	14	15	16	17	18	19
	4	4	4	4	2	2	0	2	0	2	1	2	2	1	2	2	2	2	1
	20	21	22	23	24	25	26	27	28	29	30	31	32	33	34	35	36	37	38
	1	0	2	1	0	1	1	4	4	5	0	1	2	0	2	0	2	1	1
	39	40	41	42	43	44	45	46	47	48	49	50	51	52	53	54	55	56	57
	1	0	2	0	1	1	1	2	1	5	4	4	4	5	4	2	2	2	1
	58	59	60	61	62	63	64	65	66	67	68	69	70	71	72	73	74	75	76
	1	1	2	0	5	2	1	2	2	2	4	4	0	2	2	4	0	0	2
	77	78	79	80	81	82	83	84	85	86	87	88	89	90	91	92	93	94	95
	2	2	4	4	1	4	1	4	1	2	1	5	2	0	2	1	2	1	0
	96	97	98	99	100	101	102	103	104	105	106	107	108	109	110	111	112	113	114
	0	1	0	4	2	0	2	2	0	2	2	4	2	1	2	1	1
	115	116	117	118	119	120	121	122	123	124	125	126	127	128	129	130	131	132	133
Summe	11	9	19	18	12	15	5	18	12	23	12	20	10	13	15	10	10	7	8
	A	B	(C)	(D)	E	F	G	(H)	I	(J)	K	(L)	M	N	O	P	Q	R	S

Meine fünf höchsten Gesamtwerte der Tabelle:

1. J   23
2. L   20
3. C   19
4. D   18
5. H   18

Die dazugehörige geistliche Gabe:

1. Helfen
2. Gebet
3. Handwerk
4. Kreativität
5. Glaube

Übertragen Sie diese Gaben in die Tabelle auf Seite 79.

Einheit 4: Wie entdecke ich meine Gaben?

	sehr stark, sehr häufig	stark, oft	weniger stark, manchmal	nur sehr schwach, selten	gar nicht, nie	
1.			X			Mir macht es Spaß, Aufgaben und Veranstaltungen zu organisieren.
2.			X			Ich würde gerne Gemeinden an Orten aufbauen, wo es bisher noch keine Gemeinden gibt.
3.	X					Es macht mir Freude, mit Holz, Metall, Stoff, Farben, Glas oder anderen Materialien zu arbeiten.
4.	X					Es bereitet mir Freude, künstlerische Formen (Musik, Theater, Bilder, Dekoration, Film usw.) einzusetzen, damit Menschen sich mit Fragen über Gott befassen.
5.				X		Ich kann schnell unterscheiden zwischen geistlicher Wahrheit und Irrtum, zwischen Gut und Böse.
6.				X		Ich sehe, welches Potenzial in Menschen verborgen ist.
7.			X			Ich kann kirchendistanzierten Menschen das Evangelium klar und wirkungsvoll kommunizieren.
8.			X			Mir fällt es leicht, darauf zu vertrauen, dass meine Gebete erhört werden.
9.			X			Ich gebe gerne und großzügig für Menschen in Not oder für Projekte, die finanzielle Unterstützung brauchen.
10.	X					Ich arbeite gerne im Hintergrund und unterstütze damit die Arbeit anderer.
11.			X			Ich öffne meine Wohnung gerne für andere Menschen.
12.			X			Ich sammle Gebetsanliegen von anderen Menschen und bete regelmäßig für sie.
13.				X		Ich werde von Menschen nach meiner Auslegung von Bibelstellen oder nach meinem Verständnis von biblischen Aussagen gefragt.
14.				X		Ich kann andere Menschen motivieren, ein Ziel zu verfolgen.
15.		X				Ich kann mich gut in Menschen einfühlen, die Probleme oder seelische Verletzungen haben, und begleite gerne ihren Heilungsprozess.
16.				X		Ich kann so in das Leben anderer hineinsprechen, dass sie von Fehlverhalten überführt werden und sich ändern.
	5	4	2	1	0	

Einheit 4: Wie entdecke ich meine Gaben?

#	sehr stark, sehr häufig	stark, oft	weniger stark, manchmal	nur sehr schwach, selten	gar nicht, nie	
17.				X		Es macht mir Freude, Zeit in das geistliche Wachstum anderer Menschen zu investieren.
18.				X		Ich kann Wissen so in unserer Gemeinde / Gruppe weitergeben, dass andere es in ihrem Alltag umsetzen können.
19.			X			Ich werde bei geistlichen oder persönlichen Problemen oft um Rat gefragt.
20.	X					Ich bin sorgfältig, gründlich und geschickt, wenn es darum geht, Kleinigkeiten effektiv zu erledigen.
21.		X				Mich reizt der Gedanke, in einem anderen Land oder einer anderen Kultur zu arbeiten.
22.	X					Ich kann geschickt mit verschiedenen Werkzeugen umgehen.
23.		X				Es macht mir Spaß, meine künstlerischen Fähigkeiten zu entwickeln und einzusetzen (z. B. Kunst, Theater, Musik, Fotografie).
24.			X			Ich bin in der Lage, den Charakter eines Menschen bereits nach wenigen Eindrücken zu erkennen.
25.			X			Es macht mir Freude, entmutigte Menschen wieder aufzurichten und zu stärken.
26.				X		Ich nutze Gelegenheiten, um Kontakte zu Menschen zu knüpfen, die Gott noch nicht kennen.
27.			X			Es ist für mich natürlich, auch in schwierigen Zeiten an Gottes beständige Versorgung und Hilfe zu glauben.
28.				X		Ich gebe mehr als meinen Zehnten (10 Prozent meines Einkommens), um christliche und karitative Projekte zu unterstützen.
29.			X			Ich erledige gerne Routinearbeiten, die die Arbeit anderer unterstützen.
30.				X		Ich gehe gerne auf neue Leute zu und trage dazu bei, dass sie sich wohl fühlen.
31.		X				Es bereitet mir Freude, lange Zeit im Gebet zu verbringen.
32.				X		Der Heilige Geist schenkt mir Erkenntnisse und Einsichten in biblische Zusammenhänge oder über Menschen.
	5	4	2	1	0	

Einheit 4: Wie entdecke ich meine Gaben?

Nr.	sehr stark, sehr häufig	stark, oft	weniger stark, manchmal	nur sehr schwach, selten	gar nicht, nie	Aussage
33.			X			Ich kann andere Mensche motivieren, ein Projekt voranzutreiben.
34.			X			Ich kann geduldig Menschen begleiten, die durch schmerzhafte Prozesse gehen und die versuchen, ihr Leben ins Lot zu bringen.
35.			X			Ich fühle mich dafür verantwortlich, andere Menschen mit der Wahrheit zu konfrontieren.
36.				X		Ich habe Mitleid mit Christen, die in die Irre gehen, und ich möchte sie davor schützen.
37.			X			Ich verbringe viel Zeit mit (Bibel-)Studium, weil ich weiß, dass die biblische Botschaft das Leben verändern kann.
38.			X			Ich kann bei Konflikten praktische Lösungen finden und chaotische Situationen entwirren.
39.			X			Ich kann Ziele klar herausarbeiten und Strategien oder Pläne entwerfen, um die Ziele auch zu erreichen.
40.				X		Ich bin bereit, eine aktive Rolle zu übernehmen, wenn es darum geht, eine neue Gemeinde aufzubauen.
41.			X			Es bereitet mir Freude, Dinge herzustellen und zu reparieren, die man praktisch einsetzen kann.
42.			X			Ich helfe Menschen auf einfallsreiche/künstlerische Art, sich selbst, ihre Beziehungen und Gott besser zu verstehen.
43.				X		Ich kann Falschheit und Täuschung erkennen, bevor sie auch für andere offensichtlich werden.
44.				X		Ich gebe anderen Menschen Hoffnung, indem ich sie an die Verheißungen Gottes erinnere.
45.			X			Ich kann Menschen zeigen, dass das Evangelium auf ihre persönlichen Bedürfnisse und ihre Situation Antworten gibt.
46.	X					Ich bin fest davon überzeugt, dass ich mit Gottes Hilfe große Dinge vollbringen kann.
47.		X				Ich gehe verantwortungsbewusst mit meinem Geld um, damit ich mehr spenden kann.
48.	X					Ich übernehme gerne anfallende Gelegenheitsarbeiten, um damit anderen zu helfen.
	5	4	2	1	0	

Einheit 4: Wie entdecke ich meine Gaben?

	sehr stark, sehr häufig	stark, oft	weniger stark, manchmal	nur sehr schwach, selten	gar nicht, nie	
49.				X		Ich bringe gerne Menschen miteinander in Kontakt, die sich noch nicht kennen.
50.				X		Ich bin davon überzeugt, dass ich anderen Menschen einen wichtigen Dienst leiste, wenn ich für sie bete.
51.			X			Ich nehme mir gerne feste Zeiten zum Bibellesen und -studium, um die Aussagen der Bibel wirklich genau zu erfassen.
52.				X		Ich kann mich in ein Projekt so einbringen, dass andere ihr Bestes geben.
53.			X			Es macht mir Freude, Menschen zu helfen, denen niemand helfen will oder die am Rand der Gesellschaft stehen.
54.				X		Ich weise offen auf Trends, Meinungen oder Ereignisse in der Gesellschaft hin, die dem christlichen Glauben widersprechen.
55.			X			Ich kümmere mich gerne um den ganzen Menschen – seine Beziehungen, seine Gefühle, sein geistliches Leben usw.
56.				X		Ich achte genau auf Absicht, Inhalt, Form und Stil, wenn jemand unterrichtet oder predigt, und überlege, was ich dazulernen kann.
57.				X		Es fällt mir leicht, unter verschiedenen Möglichkeiten die beste Vorgehensweise herauszufinden.
58.				X		Ich bin in der Lage, die Mittel zu finden und effektiv einzusetzen, die für eine Aufgabe nötig sind.
59.				X		Ich habe die Erfahrung gemacht, dass Leiter aus anderen Gemeinden mich um Rat gefragt haben.
60.			X			Ich habe die Erfahrung gemacht, dass ich mit der Geschicklichkeit meiner Hände anderen Menschen helfen und sie erfreuen konnte.
61.				X		Ich finde gerne neue und unkonventionelle Möglichkeiten, um Aussagen auf eine neue Art zu kommunizieren (Theater, Video, Musik, Malen usw.).
62.				X		Ich kann in Situationen erkennen, was richtig oder falsch ist.
63.		X				Ich kann Menschen Rückhalt geben und motivieren, die mutige Schritte in ihrem Glauben, in ihrer Familie oder sonst in ihrem Leben gehen müssen.
64.				X		Ich kann immer wieder Menschen, die Gott noch nicht kennen, helfen, einen Schritt näher zu Gott zu kommen.
	5	4	2	1	0	

Einheit 4: Wie entdecke ich meine Gaben?

	sehr stark, sehr häufig	stark, oft	weniger stark, manchmal	nur sehr schwach, selten	gar nicht, nie	
65.			X			Ich vertraue auf Gott in Situationen, in denen Erfolg durch menschliche Bemühungen alleine nicht gewährleistet ist.
66.			X			Ich schränke gerne meinen Lebensstil ein, um christliche Projekte großzügiger unterstützen zu können.
67.	X					Ich bin überzeugt, dass ich auch wichtige Gemeindearbeit mache, wenn ich praktische Aufgaben übernehme.
68.		X				Ich vermittle Menschen sehr schnell das Gefühl, willkommen zu sein.
69.		X				Ich bete voller Vertrauen, weil ich weiß, dass Gott Gebet erhört und handelt.
70.		X				Ich lerne gerne dazu und bin in diesem Sinne neugierig.
71.	X					Ich stecke Ziele und kann Menschen und Hilfsmittel so einsetzen, dass diese Ziele erreicht werden.
72.		X				Ich habe großes Mitleid mit seelisch verletzten Menschen.
73.			X			Ich kann Handlungen als richtig oder falsch beurteilen und habe das Bedürfnis, die falschen zu korrigieren.
74.			X			Es macht mir Freude, andere Menschen über einen langen Zeitraum hinweg zu unterstützen und mich um sie zu kümmern.
75.			X			Ich bevorzuge einen systematischen Zugang zu meinem Bibelstudium.
76.				X		Es ist für mich oft voraussehbar, welche Folgen das Handeln eines Einzelnen oder einer Gruppe haben kann.
77.				X		Ich helfe gerne Organisationen oder Gruppen, effektiver zu arbeiten.
78.				X		Ich kann in meinen Beziehungen sensibel mit (kulturellen) Verschiedenheiten umgehen.
79.			X			Wenn ich etwas Defektes sehe, repariere ich es nach Möglichkeit selbst.
80.				X		Ich gebe Gottes Wort auf kreative Art weiter, damit es ansprechend und leichter verständlich ist.
	5	4	2	1	0	

Einheit 4: Wie entdecke ich meine Gaben?

	sehr stark, sehr häufig	stark, oft	weniger stark, manchmal	nur sehr schwach, selten	gar nicht, nie	
81.	X					Andere Menschen bestätigen mir, dass meine Einsichten und Empfindungen zuverlässig sind.
82.			X			Ich stärke Menschen, die im Glauben unsicher sind.
83.			X			Ich erzähle Menschen ganz offen, dass ich Christ bin, und es freut mich, wenn sie mir Fragen zu meinem Glauben stellen.
84.			X			Ich halte oft noch an Zielen fest und vertraue darauf, dass Gott wirkt, wenn andere schon lange aufgegeben haben.
85.			X			Ich bin davon überzeugt, dass meine finanzielle Unterstützung in einem Werk oder einer Gemeinde etwas positiv verändern kann.
86.			X			Ich erledige auch gerne unscheinbare Aufgaben und warte nicht, bis ich darum gebeten werde.
87.		X				Es bereitet mir Freude, Menschen zu unterhalten und ein offenes Haus zu haben.
88.		X				Notsituationen anderer bringen mich spontan dazu, für sie zu beten.
89.				X		Ich weiß oft Dinge über Situationen und Menschen, ohne diese von jemand erfahren zu haben.
90.			X			Ich veranlasse Menschen, das Beste aus ihren Möglichkeiten zu machen.
91.			X			Ich kann trotz aller Fehler und Probleme eines Menschen dahinter ein Leben sehen, das wertvoll ist.
92.		X				Ich habe erlebt, dass Gedanken, die ich anderen Menschen weitergegeben habe, für sie wie ein direktes Reden Gottes waren.
93.				X		Es macht mir Freude, eine kleine Gruppe von Menschen zu leiten und ihnen praktische Hilfestellung zu geben.
94.				✓		Ich kann so über die Bibel sprechen, dass andere Menschen angeregt werden, selbst die Bibel zu studieren, und mehr aus ihr lernen wollen.
95.		X				Ich gebe praktische Ratschläge, die anderen helfen, schwierige Situationen zu bewältigen.
96.			X			Ich lerne gerne etwas darüber, wie Organisationen funktionieren.
	5	4	2	1	0	

Einheit 4: Wie entdecke ich meine Gaben?

Nr.	sehr stark, sehr häufig	stark, oft	weniger stark, manchmal	nur sehr schwach, selten	gar nicht, nie	Aussage
97.			X			Es reizt mich, wenn ich bei neuen Aufgaben Pionierarbeit leisten kann.
98.		X				Ich kann gut mit meinen Händen arbeiten und habe dabei viel Freude.
99.		X				Ich bin kreativ und entwickle schnell und gerne viele neue Ideen.
100.				X		Ich merke schnell, wenn Predigt oder Unterricht nicht mit den Aussagen der Bibel übereinstimmen.
101.		X				Ich motiviere gerne Menschen, Schritte zu wagen.
102.				X		Ich mache aus meinem Glauben kein Geheimnis und spreche gerne darüber.
103.		X				Ich fordere andere Menschen dazu heraus, Gott zu vertrauen und mutige Schritte zu gehen.
104.				X		Ich sehe meinen Lebensstandard als ein Geschenk Gottes, deshalb spende ich großzügig.
105.			X			Ich fühle mich wohl, wenn ich andere unterstützen kann, damit sie ihre Aufgaben besser bewältigen können.
106.				X		Ich gebe mir Mühe, Menschen zu zeigen, dass sie dazugehören.
107.	X					Ich fühle mich geehrt, wenn mich jemand bittet, für sie/ihn zu beten, und bete dann auch regelmäßig.
108.			X			Wenn ich in der Bibel lese oder sie studiere, entdecke ich wichtige Aussagen, die anderen Christen helfen.
109.					X	Ich kann eine neue Perspektive so vermitteln, dass andere Menschen sie gerne aufnehmen und bereit sind, eine neue Richtung einzuschlagen.
110.			X			Es bereitet mir Freude, Menschen in schwierigen Lebensumständen wieder Hoffnung und Freude zu vermitteln.
111.				X		Ich will Gottes Wahrheit aussprechen, auch wenn sie unbeliebt ist oder es für andere Menschen schwierig ist, sie anzunehmen.
112.			X			Ich kann Menschen stärken, die im Glauben unsicher geworden sind, und ihnen helfen, neues Vertrauen zu Gott zu gewinnen.
	5	4	2	1	0	

Einheit 4: Wie entdecke ich meine Gaben?

	sehr stark, sehr häufig	stark, oft	weniger stark, manchmal	nur sehr schwach, selten	gar nicht, nie	
113.				X		Ich kann anderen Menschen ein Thema so vermitteln, dass sie es leicht verstehen und in ihrem Leben umsetzen können.
114.				X		Ich kann biblische Aussagen so auf aktuelle Situationen anwenden, dass sie für andere praktisch und hilfreich werden.
115.				X		Ich sehe oft voraus, was auf mich zukommt, kann mögliche Probleme vorausahnen und Lösungsstrategien planen.
116.			X			Ich sehe Probleme und Grenzen als eine Herausforderung und packe sie gerne an.
117.				X		Ich kann praktische Hilfsmittel entwickeln und herstellen.
118.	X					Ich nehme mir regelmäßig Zeit, meine künstlerischen Fähigkeiten (Musik, Deko, Film usw.) weiterzuentwickeln.
119.			X			Ich spüre es, wenn Menschen oder Situationen von dämonischen Kräften beeinflusst sind.
120.				X		Ich fordere andere zu stärkerem geistlichen Wachstum heraus und korrigiere sie gegebenenfalls.
121.				X		Ich suche nach Gelegenheiten, um mit Menschen, die Gott noch nicht kennen, über geistliche Themen ins Gespräch zu kommen.
122.			X			Wenn ich spüre, dass Gott ein Vorhaben segnet, kann ich es zielstrebig weiterverfolgen, ungeachtet aller Schwierigkeiten oder fehlender Unterstützung.
123.			X			Ich bin überzeugt, dass mein Wohlstand ein Mittel ist, um christliche Arbeit besser unterstützen zu können.
124.			X			Ich setze mich bereitwillig und voller Freude ein, wo immer ich gebraucht werde.
125.				X		Ich kann Menschen helfen, auch in ungewohnte Umgebungen hineinzufinden.
126.			X			Ich sehe oft konkrete Ergebnisse, wenn ich für bestimmte Anliegen gebetet habe.
127.			X			Es macht mir Freude, über Themen zu diskutieren, um so zu einem tieferen Verständnis zu kommen.
128.	X					Ich kann Ziele stecken und anderen Menschen helfen, diese Ziele zu erreichen.
	5	4	2	1	0	

58 Einheit 4: Wie entdecke ich meine Gaben?

	sehr stark, sehr häufig	stark, oft	weniger stark, manchmal	nur sehr schwach, selten	gar nicht, nie	
129.			X			Ich leiste Menschen in Not gerne praktische Hilfe.
130.				X		Ich spreche Fehlverhalten an, um Veränderung zu bewirken.
131.			X			Es macht mir Freude, andere Menschen auf ihrem Weg als Christen zu begleiten und zu fördern.
132.				X		Ich mache anderen Menschen gerne Sachverhalte verständlich, damit sie in ihrem Leben vorankommen.
133.				X		Ich kann in Problemsituationen gut Lösungen und Auswege aufzeigen.
	5	4	2	1	0	

Nachdem Sie alle Fragen beantwortet haben, tragen Sie die Punktzahl Ihrer Antworten in die Tabelle auf Seite 49 ein.

Hinweis:
Die Gaben der Heilung, des Sprachengebets, der Auslegung von Sprachengebet und der Wundertaten wurden nicht in den Gabenfragebogen und den Fremdbewertungsbogen aufgenommen. Warum nicht? Bei der Erarbeitung des D.I.E.N.S.T.-Seminars sind wir davon ausgegangen, dass Menschen und Gemeinden mit verschiedenen theologischen Hintergründen D.I.E.N.S.T. benutzen werden. Bei den oben genannten Gaben treten je nach theologischer Überzeugung Differenzen auf, was die Relevanz dieser Gaben in der heutigen Zeit betrifft. Diese Gaben wurden daher nicht in den Fragebogen aufgenommen.

Sie sind jedoch in den Gabenbeschreibungen aufgeführt und Sie sollten diese Gabe natürlich bei der Auswertung Ihrer stärksten Gaben mitberücksichtigen.

Meilenstein 6: Fremdfragebogen

Der Gabenfragebogen zeigt Ihnen, wie Sie *sich selbst* sehen und welche Gaben Sie bei sich selbst beobachtet haben.

Aber wie sehen andere Leute Sie? Vielleicht haben Sie gewisse eigene Gaben noch nicht entdeckt. Oder vielleicht basieren Ihre Antworten teilweise auf Wunschdenken und Sie haben sich selbst falsch eingeschätzt?

Fragen Sie andere Menschen, die Sie gut kennen. Oft fällt es denen, die Sie von außen beobachten, leichter, Sie und Ihre Gaben einzuschätzen.

Anleitung
Ihr Teilnehmerbuch enthält auf den folgenden Seiten drei identische Fragebögen. Trennen Sie diese heraus, und lassen Sie sie von drei Personen, die Sie gut kennen, ausfüllen.

Im Idealfall geben Sie die Fragebögen an drei Personen, die Sie aus verschiedenen Bereichen kennen (z. B. Familie, Gemeinde, Arbeit). So decken Sie Ihr gesamtes Erfahrungsspektrum ab.

Lassen Sie die Fremdfragebogen möglichst bald ausfüllen. Am besten noch vor der nächsten Einheit des D.I.E.N.S.T.-Seminars, dann sind Sie optimal vorbereitet.

Wenn Sie Ihre Fremdbewertungsbögen zurückerhalten, zählen Sie für jeden Buchstaben die Summe der Punkte zusammen (für ein „?" tragen Sie ebenfalls 0 Punkte ein). Tragen Sie die Ergebnisse in die Tabelle auf der nächsten Seite ein.

Ergebnisse Fremdfragebögen

Geistliche Gabe	Bogen 1	Bogen 2	Bogen 3	Summe
A. Organisation				
B. Apostel				
C. Handwerk				
D. Kreativität				
E. Unterscheidung der Geister				
F. Ermutigung				
G. Evangelisation				
H. Glaube				
I. Geben				
J. Helfen				
K. Gastfreundschaft				
L. Gebet				
M. Erkenntnis				
N. Leitung				
O. Barmherzigkeit				
P. Prophetie				
Q. Hirtendienst				
R. Lehren				
S. Weisheit				
T. Heilung*				
U. Auslegung von Sprachengebet*				
V. Wundertaten*				
W. Sprachengebet*				
andere geistliche Gaben*				

Die fünf Gaben, bei denen ich in den Fremdfragebögen die höchste Punktzahl habe, sind:

1. _____
2. _____
3. _____
4. _____
5. _____

Übertragen Sie diese 5 Gaben in die Tabelle auf Seite 79.

* Obwohl diese Gaben nicht in den Beschreibungen auf dem Fremdfragebogen stehen, können Sie in den offenen Zusatzfragen erwähnt sein. „Andere geistliche Gaben" sind z. B.: Seelsorge, Ehelosigkeit, Leidensbereitschaft, Dienen.

Ihre Meinung ist gefragt!

> Ich bin gerade dabei, meine Gaben und Fähigkeiten herauszufinden. Ich habe bereits einen Fragebogen ausgefüllt, in dem ich mich selbst eingeschätzt habe. Jetzt bleibt nur noch die Frage: Wie sehen andere Menschen mich?
>
> Aus diesem Grund gebe ich Ihnen diesen Fragebogen. Ihre Meinung zu meiner Person ist sehr hilfreich für mich. Bitte nehmen Sie sich ein paar Minuten Zeit, um diesen Fragebogen auszufüllen.

ausgefüllt von: _____

für: _____

Anleitung
Bitte lesen Sie die unten stehenden Beschreibungen genau durch. Inwieweit treffen sie auf oben genannte Person zu? Kreuzen Sie entsprechend der folgenden Skala an:

2 = Ja, die Beschreibung trifft gut zu.
1 = Die Beschreibung trifft teilweise zu.
0 = Nein, die Beschreibung trifft nicht zu.
? = Unsicher, unbekannt oder bisher noch nicht beobachtet.

Fühlen Sie sich frei, Kommentare und Beobachtungen in den Text hineinzuschreiben, einzelne Aspekte zu streichen oder besonders hervorzuheben. Manchmal treffen nicht alle Punkte zu, dann heben Sie die zutreffenden hervor und streichen die anderen weg.

Meiner Meinung nach liegen seine/ihre Stärken darin ...

A ... Strategien oder Pläne zu entwickeln, um gesteckte Ziele zu erreichen; Organisationen oder Gruppen zu helfen, effektiver zu arbeiten. 2   1   0   ?

... Menschen, Aufgaben und Veranstaltungen zu koordinieren, Ordnung aus dem Chaos zu schaffen. 2   1   0   ?

Summe A: _____

B ... Pionierarbeit in neuen Aufgaben zu leisten und z. B. einen neuen Bereich oder eine neue Gemeinde ins Leben zu rufen; neue Ideen zu entwickeln und Grundlagen zu legen, auf die andere aufbauen können.   2   1   0   ?

... in einem anderen Land oder einer anderen Region zu arbeiten; sich an fremde Kulturen und Umgebungen anzupassen; ein Bewusstsein für andere Kulturen zu haben und sich in ihnen sensibel zu verhalten.   2   1   0   ?

Summe B: _____

C ... mit Holz, Metall, Farben, Stoff, Glas usw. zu arbeiten und mit verschiedenen Werkzeugen umzugehen.   2   1   0   ?

... praktische Aufgaben zu erledigen; Dinge zu entwerfen oder herzustellen; mit den Händen zu arbeiten und Dinge zu reparieren.   2   1   0   ?

Summe C: _____

D ... Dinge kreativ zu gestalten oder sich in verschiedenen kreativen Formen auszudrücken (Gestaltung, Dekoration, Theater, Musik, Fotografie, Grafik usw.).   2   1   0   ?

... immer wieder neue Ideen zu haben, um etwas zu kommunizieren, einen Rahmen zu gestalten oder etwas zu „verpacken".   2   1   0   ?

Summe D: _____

E ... zwischen Wahrheit und Irrtum, Gut und Böse zu unterscheiden; Falschheit und Täuschung zu durchschauen.   2   1   0   ?

... Charaktere gut beurteilen zu können; anderen zu helfen, richtige und falsche Verhaltensmuster zu identifizieren.   2   1   0   ?

Summe E: _____

F ... andere Menschen zu stärken und ihnen Bestätigung zu geben; Menschen zu ermutigen.   2   1   0   ?

... andere Menschen zu persönlichem oder geistlichem Wachstum zu motivieren; Menschen zu unterstützen, die aktive Schritte unternehmen müssen.   2   1   0   ?

Summe F: _____

G ... mit Menschen, die Gott noch nicht kennen, eine Beziehung aufzubauen und mit ihnen über den Glauben zu sprechen.   2   1   0   ?

... ganz natürlich und selbstbewusst den eigenen Glauben zu leben und auch zu vertreten.   2   1   0   ?

Summe G: _____

H ... Gott zuzutrauen, dass er auch „Unmögliches" tun kann; eine optimistische Grundeinstellung im Leben zu haben.   2   1   0   ?

... andere Menschen zu ermutigen, Gott zu vertrauen und fest an Gottes ständige Gegenwart und seine Hilfe zu glauben.   2   1   0   ?

Summe H: _____

I ... Menschen in Not oder bestimmte Projekte gerne und großzügig finanziell zu unterstützen.   2   1   0   ?

... sein/ihr Geld so zu verwalten, dass er/sie immer noch genug zur Unterstützung anderer geben kann.   2   1   0   ?

Summe I: _____

J ... im Hintergrund hilfsbereit zu arbeiten und so die Arbeit anderer Menschen zu unterstützen.   2   1   0   ?

... anstehende Aufgaben zu finden und sie zu erledigen, ohne erst darum gebeten zu werden; zu helfen, wo er/sie gebraucht wird, auch wenn es sich um Routinearbeiten handelt.   2   1   0   ?

Summe J: _____

K ... auf neue Leute zuzugehen und ihnen zu helfen, sich willkommen zu fühlen; Menschen zu helfen, sich auch in einer ungewohnten Umgebung wohl zu fühlen.   2   1   0   ?

... Gäste zu unterhalten; ein offenes Haus für Menschen zu haben, die eine Unterkunft brauchen.   2   1   0   ?

Summe K: _____

L ... anderen Menschen anzubieten, regelmäßig für ihre Anliegen zu beten; viel Zeit im Gebet zu verbringen.   2   1   0   ?

... immer wieder großes Vertrauen auszudrücken, dass Gott Gebete erhört.   2   1   0   ?

Summe L: _____

M ... sich mit viel Zeit und Sorgfalt in ein Thema zu vertiefen, in das er/sie mehr Einblick haben möchte.   2   1   0   ?

... sein/ihr Wissen und Erfahrungen mit anderen Menschen zu teilen, wenn er/sie danach gefragt wird.   2   1   0   ?

Summe M: _____

N ... verantwortlich Gruppen zu leiten; gut mit Menschen und Hilfsmitteln umzugehen; andere Menschen zu veranlassen, das Beste aus ihren Möglichkeiten zu machen.   2   1   0   ?

... andere Menschen anzuleiten und zu motivieren, wichtige Ziele zu erreichen.   2   1   0   ?

Summe N: _____

O ... Mitleid mit Menschen zu haben, die seelische Verletzungen erlitten haben; geduldig und einfühlsam Menschen durch schmerzhafte Erfahrungen zu begleiten.   2   1   0   ?

... Menschen zu helfen, die am Rand der Gesellschaft stehen oder die man allgemein als hoffnungslose Fälle betrachtet.   2   1   0   ?

Summe O: _____

P ... überzeugend in das Leben von anderen Menschen hineinzusprechen und Veränderung zu bewirken.   2   1   0   ?

... gesellschaftliche Trends, Lehren oder Ereignisse, die moralisch schlecht oder schädlich sind, offen anzusprechen; die Wahrheit auch dann zu sagen, wenn sie unbequem ist.   2   1   0   ?

Summe P: _____

Q ... eine Gruppe von Menschen über lange Zeit hinweg zu begleiten und zu fördern.   2   1   0   ?

... die ganze Person anzuleiten; geduldig, aber zielgerichtet andere Menschen in ihrem geistlichen und persönlichen Wachstum zu fördern.   2   1   0   ?

Summe Q: _____

R ... etwas zu studieren, zu verstehen und dann an andere weiterzugeben; Material zu entwickeln, mit dem etwas leicht und verständlich vermittelt werden kann.	2	1	0	?
... so zu lehren/zu erklären, dass andere Menschen dazu bewegt werden, das Gelernte in ihrem Leben umzusetzen.	2	1	0	?

Summe R: _____

S ... inmitten einer unklaren Situation praktische Lösungen zu finden; Wissen auf eine Situation anzuwenden.	2	1	0	?
... anderen Menschen in schwierigen Lebenssituationen hilfreiche Ratschläge zu geben und zu helfen, praktische Schritte zu gehen.	2	1	0	?

Summe S: _____

Und hier noch einige Zusatzfragen

Ihre Antworten auf diese Fragen geben einen genaueren Eindruck Ihrer Beobachtungen. Notieren Sie hier die Dinge, die oben nicht erfragt wurden oder für die nicht genügend Platz war und die Sie nun präzisieren wollen. Wenn es Ihnen schwer fällt, eine der Fragen zu beantworten, können Sie sie auch überspringen.

1. Meiner Meinung nach könnte die Person im gemeindlichen Bereich für die folgenden 2–3 Aufgaben geeignet sein:	
2. Falls Sie sich mit geistlichen Gaben auskennen: Welche Gaben haben sich im Leben dieser Person gezeigt? Auf Grund welcher Beobachtungen kommen Sie darauf?	
3. Haben Sie andere Beobachtungen gemacht, die der Person weiterhelfen könnten, eine passende Aufgabe in der Gemeinde zu finden?	

Herzlichen Dank, dass Sie sich die Zeit genommen haben, diesen Fragebogen auszufüllen und mir Ihre Beobachtungen mitzuteilen.

Ihre Meinung ist gefragt!

> Ich bin gerade dabei, meine Gaben und Fähigkeiten herauszufinden. Ich habe bereits einen Fragebogen ausgefüllt, in dem ich mich selbst eingeschätzt habe. Jetzt bleibt nur noch die Frage: Wie sehen andere Menschen mich?
>
> Aus diesem Grund gebe ich Ihnen diesen Fragebogen. Ihre Meinung zu meiner Person ist sehr hilfreich für mich. Bitte nehmen Sie sich ein paar Minuten Zeit, um diesen Fragebogen auszufüllen.

ausgefüllt von: _____

für: _____

Anleitung
Bitte lesen Sie die unten stehenden Beschreibungen genau durch. Inwieweit treffen sie auf oben genannte Person zu? Kreuzen Sie entsprechend der folgenden Skala an:

2 = Ja, die Beschreibung trifft gut zu.
1 = Die Beschreibung trifft teilweise zu.
0 = Nein, die Beschreibung trifft nicht zu.
? = Unsicher, unbekannt oder bisher noch nicht beobachtet.

Fühlen Sie sich frei, Kommentare und Beobachtungen in den Text hineinzuschreiben, einzelne Aspekte zu streichen oder besonders hervorzuheben. Manchmal treffen nicht alle Punkte zu, dann heben Sie die zutreffenden hervor und streichen die anderen weg.

Meiner Meinung nach liegen seine/ihre Stärken darin ...

A ... Strategien oder Pläne zu entwickeln, um gesteckte Ziele zu erreichen; Organisationen oder Gruppen zu helfen, effektiver zu arbeiten. 2   1   0   ?

... Menschen, Aufgaben und Veranstaltungen zu koordinieren, Ordnung aus dem Chaos zu schaffen. 2   1   0   ?

Summe A: _____

B ... Pionierarbeit in neuen Aufgaben zu leisten und z. B. einen neuen Bereich oder eine neue Gemeinde ins Leben zu rufen; neue Ideen zu entwickeln und Grundlagen zu legen, auf die andere aufbauen können.   2   1   0   ?

... in einem anderen Land oder einer anderen Region zu arbeiten; sich an fremde Kulturen und Umgebungen anzupassen; ein Bewusstsein für andere Kulturen zu haben und sich in ihnen sensibel zu verhalten.   2   1   0   ?

Summe B: _____

C ... mit Holz, Metall, Farben, Stoff, Glas usw. zu arbeiten und mit verschiedenen Werkzeugen umzugehen.   2   1   0   ?

... praktische Aufgaben zu erledigen; Dinge zu entwerfen oder herzustellen; mit den Händen zu arbeiten und Dinge zu reparieren.   2   1   0   ?

Summe C: _____

D ... Dinge kreativ zu gestalten oder sich in verschiedenen kreativen Formen auszudrücken (Gestaltung, Dekoration, Theater, Musik, Fotografie, Grafik usw.).   2   1   0   ?

... immer wieder neue Ideen zu haben, um etwas zu kommunizieren, einen Rahmen zu gestalten oder etwas zu „verpacken".   2   1   0   ?

Summe D: _____

E ... zwischen Wahrheit und Irrtum, Gut und Böse zu unterscheiden; Falschheit und Täuschung zu durchschauen.   2   1   0   ?

... Charaktere gut beurteilen zu können; anderen zu helfen, richtige und falsche Verhaltensmuster zu identifizieren.   2   1   0   ?

Summe E: _____

F	... andere Menschen zu stärken und ihnen Bestätigung zu geben; Menschen zu ermutigen.	2	1	0	?
	... andere Menschen zu persönlichem oder geistlichem Wachstum zu motivieren; Menschen zu unterstützen, die aktive Schritte unternehmen müssen.	2	1	0	?

Summe F: _____

G	... mit Menschen, die Gott noch nicht kennen, eine Beziehung aufzubauen und mit ihnen über den Glauben zu sprechen.	2	1	0	?
	... ganz natürlich und selbstbewusst den eigenen Glauben zu leben und auch zu vertreten.	2	1	0	?

Summe G: _____

H	... Gott zuzutrauen, dass er auch „Unmögliches" tun kann; eine optimistische Grundeinstellung im Leben zu haben.	2	1	0	?
	... andere Menschen zu ermutigen, Gott zu vertrauen und fest an Gottes ständige Gegenwart und seine Hilfe zu glauben.	2	1	0	?

Summe H: _____

I	... Menschen in Not oder bestimmte Projekte gerne und großzügig finanziell zu unterstützen.	2	1	0	?
	... sein/ihr Geld so zu verwalten, dass er/sie immer noch genug zur Unterstützung anderer geben kann.	2	1	0	?

Summe I: _____

J ... im Hintergrund hilfsbereit zu arbeiten und so die Arbeit anderer Menschen zu unterstützen.   2   1   0   ?

... anstehende Aufgaben zu finden und sie zu erledigen, ohne erst darum gebeten zu werden; zu helfen, wo er/sie gebraucht wird, auch wenn es sich um Routinearbeiten handelt.   2   1   0   ?

Summe J: _____

K ... auf neue Leute zuzugehen und ihnen zu helfen, sich willkommen zu fühlen; Menschen zu helfen, sich auch in einer ungewohnten Umgebung wohl zu fühlen.   2   1   0   ?

... Gäste zu unterhalten; ein offenes Haus für Menschen zu haben, die eine Unterkunft brauchen.   2   1   0   ?

Summe K: _____

L ... anderen Menschen anzubieten, regelmäßig für ihre Anliegen zu beten; viel Zeit im Gebet zu verbringen.   2   1   0   ?

... immer wieder großes Vertrauen auszudrücken, dass Gott Gebete erhört.   2   1   0   ?

Summe L: _____

M ... sich mit viel Zeit und Sorgfalt in ein Thema zu vertiefen, in das er/sie mehr Einblick haben möchte.   2   1   0   ?

... sein/ihr Wissen und Erfahrungen mit anderen Menschen zu teilen, wenn er/sie danach gefragt wird.   2   1   0   ?

Summe M: _____

N ... verantwortlich Gruppen zu leiten; gut mit Menschen und Hilfsmitteln umzugehen; andere Menschen zu veranlassen, das Beste aus ihren Möglichkeiten zu machen.   2   1   0   ?

... andere Menschen anzuleiten und zu motivieren, wichtige Ziele zu erreichen.   2   1   0   ?

Summe N: _____

O ... Mitleid mit Menschen zu haben, die seelische Verletzungen erlitten haben; geduldig und einfühlsam Menschen durch schmerzhafte Erfahrungen zu begleiten.   2   1   0   ?

... Menschen zu helfen, die am Rand der Gesellschaft stehen oder die man allgemein als hoffnungslose Fälle betrachtet.   2   1   0   ?

Summe O: _____

P ... überzeugend in das Leben von anderen Menschen hineinzusprechen und Veränderung zu bewirken.   2   1   0   ?

... gesellschaftliche Trends, Lehren oder Ereignisse, die moralisch schlecht oder schädlich sind, offen anzusprechen; die Wahrheit auch dann zu sagen, wenn sie unbequem ist.   2   1   0   ?

Summe P: _____

Q ... eine Gruppe von Menschen über lange Zeit hinweg zu begleiten und zu fördern.   2   1   0   ?

... die ganze Person anzuleiten; geduldig, aber zielgerichtet andere Menschen in ihrem geistlichen und persönlichen Wachstum zu fördern.   2   1   0   ?

Summe Q: _____

R ... etwas zu studieren, zu verstehen und dann an andere weiterzugeben; Material zu entwickeln, mit dem etwas leicht und verständlich vermittelt werden kann.   2   1   0   ?

... so zu lehren/zu erklären, dass andere Menschen dazu bewegt werden, das Gelernte in ihrem Leben umzusetzen.   2   1   0   ?

Summe R: _____

S ... inmitten einer unklaren Situation praktische Lösungen zu finden; Wissen auf eine Situation anzuwenden.   2   1   0   ?

... anderen Menschen in schwierigen Lebenssituationen hilfreiche Ratschläge zu geben und zu helfen, praktische Schritte zu gehen.   2   1   0   ?

Summe S: _____

Und hier noch einige Zusatzfragen

Ihre Antworten auf diese Fragen geben einen genaueren Eindruck Ihrer Beobachtungen. Notieren Sie hier die Dinge, die oben nicht erfragt wurden oder für die nicht genügend Platz war und die Sie nun präzisieren wollen. Wenn es Ihnen schwer fällt, eine der Fragen zu beantworten, können Sie sie auch überspringen.

1. Meiner Meinung nach könnte die Person im gemeindlichen Bereich für die folgenden 2–3 Aufgaben geeignet sein:	
2. Falls Sie sich mit geistlichen Gaben auskennen: Welche Gaben haben sich im Leben dieser Person gezeigt? Auf Grund welcher Beobachtungen kommen Sie darauf?	
3. Haben Sie andere Beobachtungen gemacht, die der Person weiterhelfen könnten, eine passende Aufgabe in der Gemeinde zu finden?	

Herzlichen Dank, dass Sie sich die Zeit genommen haben, diesen Fragebogen auszufüllen und mir Ihre Beobachtungen mitzuteilen.

Ihre Meinung ist gefragt!

> Ich bin gerade dabei, meine Gaben und Fähigkeiten herauszufinden. Ich habe bereits einen Fragebogen ausgefüllt, in dem ich mich selbst eingeschätzt habe. Jetzt bleibt nur noch die Frage: Wie sehen andere Menschen mich?
> Aus diesem Grund gebe ich Ihnen diesen Fragebogen. Ihre Meinung zu meiner Person ist sehr hilfreich für mich. Bitte nehmen Sie sich ein paar Minuten Zeit, um diesen Fragebogen auszufüllen.

ausgefüllt von: _____

für: _____

Anleitung
Bitte lesen Sie die unten stehenden Beschreibungen genau durch. Inwieweit treffen sie auf oben genannte Person zu? Kreuzen Sie entsprechend der folgenden Skala an:

2 = Ja, die Beschreibung trifft gut zu.
1 = Die Beschreibung trifft teilweise zu.
0 = Nein, die Beschreibung trifft nicht zu.
? = Unsicher, unbekannt oder bisher noch nicht beobachtet.

Fühlen Sie sich frei, Kommentare und Beobachtungen in den Text hineinzuschreiben, einzelne Aspekte zu streichen oder besonders hervorzuheben. Manchmal treffen nicht alle Punkte zu, dann heben Sie die zutreffenden hervor und streichen die anderen weg.

Meiner Meinung nach liegen seine/ihre Stärken darin ...

A ... Strategien oder Pläne zu entwickeln, um gesteckte Ziele zu erreichen; Organisationen oder Gruppen zu helfen, effektiver zu arbeiten.   2   1   0   ?

... Menschen, Aufgaben und Veranstaltungen zu koordinieren, Ordnung aus dem Chaos zu schaffen.   2   1   0   ?

Summe A: _____

B ... Pionierarbeit in neuen Aufgaben zu leisten und z. B. einen neuen Bereich oder eine neue Gemeinde ins Leben zu rufen; neue Ideen zu entwickeln und Grundlagen zu legen, auf die andere aufbauen können.   2   1   0   ?

... in einem anderen Land oder einer anderen Region zu arbeiten; sich an fremde Kulturen und Umgebungen anzupassen; ein Bewusstsein für andere Kulturen zu haben und sich in ihnen sensibel zu verhalten.   2   1   0   ?

Summe B: _____

C ... mit Holz, Metall, Farben, Stoff, Glas usw. zu arbeiten und mit verschiedenen Werkzeugen umzugehen.   2   1   0   ?

... praktische Aufgaben zu erledigen; Dinge zu entwerfen oder herzustellen; mit den Händen zu arbeiten und Dinge zu reparieren.   2   1   0   ?

Summe C: _____

D ... Dinge kreativ zu gestalten oder sich in verschiedenen kreativen Formen auszudrücken (Gestaltung, Dekoration, Theater, Musik, Fotografie, Grafik usw.).   2   1   0   ?

... immer wieder neue Ideen zu haben, um etwas zu kommunizieren, einen Rahmen zu gestalten oder etwas zu „verpacken".   2   1   0   ?

Summe D: _____

E ... zwischen Wahrheit und Irrtum, Gut und Böse zu unterscheiden; Falschheit und Täuschung zu durchschauen.   2   1   0   ?

... Charaktere gut beurteilen zu können; anderen zu helfen, richtige und falsche Verhaltensmuster zu identifizieren.   2   1   0   ?

Summe E: _____

F ... andere Menschen zu stärken und ihnen Bestätigung zu geben; Menschen zu ermutigen. 2 1 0 ?

... andere Menschen zu persönlichem oder geistlichem Wachstum zu motivieren; Menschen zu unterstützen, die aktive Schritte unternehmen müssen. 2 1 0 ?

Summe F: _____

G ... mit Menschen, die Gott noch nicht kennen, eine Beziehung aufzubauen und mit ihnen über den Glauben zu sprechen. 2 1 0 ?

... ganz natürlich und selbstbewusst den eigenen Glauben zu leben und auch zu vertreten. 2 1 0 ?

Summe G: _____

H ... Gott zuzutrauen, dass er auch „Unmögliches" tun kann; eine optimistische Grundeinstellung im Leben zu haben. 2 1 0 ?

... andere Menschen zu ermutigen, Gott zu vertrauen und fest an Gottes ständige Gegenwart und seine Hilfe zu glauben. 2 1 0 ?

Summe H: _____

I ... Menschen in Not oder bestimmte Projekte gerne und großzügig finanziell zu unterstützen. 2 1 0 ?

... sein/ihr Geld so zu verwalten, dass er/sie immer noch genug zur Unterstützung anderer geben kann. 2 1 0 ?

Summe I: _____

J ... im Hintergrund hilfsbereit zu arbeiten und so die Arbeit anderer Menschen zu unterstützen.　　2　1　0　?

... anstehende Aufgaben zu finden und sie zu erledigen, ohne erst darum gebeten zu werden; zu helfen, wo er/sie gebraucht wird, auch wenn es sich um Routinearbeiten handelt.　2　1　0　?

Summe J: _____

K ... auf neue Leute zuzugehen und ihnen zu helfen, sich willkommen zu fühlen; Menschen zu helfen, sich auch in einer ungewohnten Umgebung wohl zu fühlen.　2　1　0　?

... Gäste zu unterhalten; ein offenes Haus für Menschen zu haben, die eine Unterkunft brauchen.　2　1　0　?

Summe K: _____

L ... anderen Menschen anzubieten, regelmäßig für ihre Anliegen zu beten; viel Zeit im Gebet zu verbringen.　2　1　0　?

... immer wieder großes Vertrauen auszudrücken, dass Gott Gebete erhört.　2　1　0　?

Summe L: _____

M ... sich mit viel Zeit und Sorgfalt in ein Thema zu vertiefen, in das er/sie mehr Einblick haben möchte.　2　1　0　?

... sein/ihr Wissen und Erfahrungen mit anderen Menschen zu teilen, wenn er/sie danach gefragt wird.　2　1　0　?

Summe M: _____

N ... verantwortlich Gruppen zu leiten; gut mit Menschen und Hilfsmitteln umzugehen; andere Menschen zu veranlassen, das Beste aus ihren Möglichkeiten zu machen.   2   1   0   ?

... andere Menschen anzuleiten und zu motivieren, wichtige Ziele zu erreichen.   2   1   0   ?

Summe N: _____

O ... Mitleid mit Menschen zu haben, die seelische Verletzungen erlitten haben; geduldig und einfühlsam Menschen durch schmerzhafte Erfahrungen zu begleiten.   2   1   0   ?

... Menschen zu helfen, die am Rand der Gesellschaft stehen oder die man allgemein als hoffnungslose Fälle betrachtet.   2   1   0   ?

Summe O: _____

P ... überzeugend in das Leben von anderen Menschen hineinzusprechen und Veränderung zu bewirken.   2   1   0   ?

... gesellschaftliche Trends, Lehren oder Ereignisse, die moralisch schlecht oder schädlich sind, offen anzusprechen. die Wahrheit auch dann zu sagen, wenn sie unbequem ist.   2   1   0   ?

Summe P: _____

Q ... eine Gruppe von Menschen über lange Zeit hinweg zu begleiten und zu fördern.   2   1   0   ?

... die ganze Person anzuleiten; geduldig, aber zielgerichtet andere Menschen in ihrem geistlichen und persönlichen Wachstum zu fördern.   2   1   0   ?

Summe Q: _____

R ... etwas zu studieren, zu verstehen und dann an andere weiterzugeben; Material zu entwickeln, mit dem etwas leicht und verständlich vermittelt werden kann.	2	1	0	?
... so zu lehren/zu erklären, dass andere Menschen dazu bewegt werden, das Gelernte in ihrem Leben umzusetzen.	2	1	0	?

Summe R: _____

S ... inmitten einer unklaren Situation praktische Lösungen zu finden; Wissen auf eine Situation anzuwenden.	2	1	0	?
... anderen Menschen in schwierigen Lebenssituationen hilfreiche Ratschläge zu geben und zu helfen, praktische Schritte zu gehen.	2	1	0	?

Summe S: _____

Und hier noch einige Zusatzfragen

Ihre Antworten auf diese Fragen geben einen genaueren Eindruck Ihrer Beobachtungen. Notieren Sie hier die Dinge, die oben nicht erfragt wurden oder für die nicht genügend Platz war und die Sie nun präzisieren wollen. Wenn es Ihnen schwer fällt, eine der Fragen zu beantworten, können Sie sie auch überspringen.

1. Meiner Meinung nach könnte die Person im gemeindlichen Bereich für die folgenden 2–3 Aufgaben geeignet sein:	
2. Falls Sie sich mit geistlichen Gaben auskennen: Welche Gaben haben sich im Leben dieser Person gezeigt? Auf Grund welcher Beobachtungen kommen Sie darauf?	
3. Haben Sie andere Beobachtungen gemacht, die der Person weiterhelfen könnten, eine passende Aufgabe in der Gemeinde zu finden?	

Herzlichen Dank, dass Sie sich die Zeit genommen haben, diesen Fragebogen auszufüllen und mir Ihre Beobachtungen mitzuteilen.

Auswertung der Fragebögen

Wenn Sie den Gabenfragebogen ausgefüllt und die Fremdfragebögen zurückerhalten und ausgewertet haben, können Sie die Ergebnisse in die folgende Liste eintragen.

Fremdfragebögen	**Gabenfragebogen**
Ergebnis von Seite 60	Ergebnis von Seite 49
Welche Gaben haben Ihre Bekannten bei Ihnen entdeckt?	Welche Gaben haben Sie mit Hilfe des Fragebogens entdeckt?
Übertragen Sie die 5 am stärksten ausgeprägten Gaben aus dem Fremdfragebogen.	Übertragen Sie die 5 am stärksten ausgeprägten Gaben aus dem Gabenfragebogen.
1. _____	1. _Helfen_ (J 23)
2. _____	2. _Gebet_ (L 20)
3. _____	3. _Handwerk_ (C 19)
4. _____	4. _Kreativität_ (D 18)
5. _____	5. _Glaube_ (H 18)

Decken sich die beiden Fragebögen? Erstellen Sie aus den beiden Ergebnissen nun eine Liste Ihrer 3 am stärksten ausgeprägten geistlichen Gaben, die auf beiden Listen aufgeführt sind:

Meine geistlichen Gaben:
_____
_____
_____

Überraschen Sie die Resultate oder fühlen Sie sich bestätigt? In beiden Fällen sind Sie auf Ihrer Entdeckungsreise einen Schritt weitergekommen.

In der folgenden Einheit finden Sie ausführliche Beschreibungen der Gaben. Bleiben Sie mit Gott im Gespräch, und beginnen Sie, Ihre Gaben weiterzuentwickeln, indem Sie sie für Gott einsetzen.

Übung für die kommende Woche

- Beten Sie, dass Gott Ihnen hilft, Ihre Gaben zu entdecken.

Falls Sie es nicht bereits gemacht haben:

- Füllen Sie den Gabenfragebogen aus, und überlegen Sie sich, ob das Resultat auf Sie zutrifft.
- Geben Sie die Fremdfragebögen an drei Personen, die Sie gut kennen.
- Übertragen Sie die Ergebnisse aus beiden Fragebögen in das Raster auf Seite 79.

Zusammenfassung

In der Bibel gibt es mehrere Stellen, an denen geistliche Gaben aufgezählt werden. Wenn wir die einzelnen Passagen zusammentragen, erhalten wir einen Reigen von Gaben, die Gott Menschen schenkt. Jeder Christ hat mindestens eine Gabe, doch keiner von uns besitzt alle. Aus diesem Grund sind wir darauf angewiesen, dass wir einander ergänzen. Wenn jede und jeder seine Gaben für die Gemeinde einsetzt, finden wir alle mehr Erfüllung und Freude in dem, was wir tun. Es geht in der Gemeinde nicht darum, einen möglichst hohen Rang zu bekleiden. Wir sollen vielmehr den Platz suchen, für den Gott uns begabt hat. Diesen Platz können wir ausfüllen und so Gott und anderen Menschen dienen.

Das Ziel, das wir anstreben, ist eine gabenorientierte Gemeinde, in der jeder seine Gaben für Gott einsetzt und die anderen unterstützt.

Wie finden wir heraus, was unsere Gaben sind? Am einfachsten wäre es, alles auszuprobieren und zu schauen, was uns Freude macht und uns gut gelingt. Das ist oft nicht möglich. Darum finden Sie in dieser Einheit einen „Reiseführer", der Ihnen beim Entdecken Ihrer Gaben hilft. Er enthält den Gabenfragebogen, der Sie über Fragen an Ihre Gaben heranführt. Genauso wichtig ist aber auch die Praxis. Suchen Sie sich ein Experimentierfeld, denn Gaben sind kein theoretisches Thema, und erkundigen Sie sich bei anderen, welche Gaben diese in Ihnen vermuten. Auch das D.I.E.N.S.T.-Beratungsgespräch, das im Anschluss an diesen Kurs stattfindet, hilft Ihnen, einen passenden Platz zu finden.

Und ganz ohne Fachwissen geht es nicht. Lesen Sie die Stellen in der Bibel, in denen über Gaben gesprochen wird. Machen Sie sich mit den Beschreibungen der einzelnen Gaben vertraut, und bitten Sie Gott, dass er Ihnen hilft, Ihre Gaben zu entdecken.

Dies sind die 6 Meilensteine auf der Entdeckungsreise zu Ihren Gaben. Die Reise beginnt mit diesem Kurs, ist damit aber noch lange nicht abgeschlossen!

Einheit 5: Gaben unter die Lupe genommen

Eine genauere Beschreibung jeder Gabe und die Verknüpfung von Gaben und Neigungen.

Entfährt Ihnen bei manchen Gabenbeschreibungen ein „Das bin ja ich"?
Ein wichtiger Indikator, dass Sie diese Gabe haben.

Vorsicht!
Fallen auf dem Weg zum Einsatz der Gaben.

Und: Ihr maßgeschneiderter Einsatzort wartet auf Sie!
Das Duo Neigungen und Gaben weist Ihnen den Weg.

Testergebnisse hinterfragen

Sie haben den Gabenfragebogen ausgefüllt und die Meinung anderer mit Hilfe des Fremdbewertungsbogens eingeholt. Aber sind die Gaben, bei denen Sie die höchste Punktzahl haben, auch wirklich *Ihre* Gaben?

Auf den folgenden Seiten finden Sie ausführliche Beschreibungen zu jeder Gabe. Lesen Sie die einzelnen Beschreibungen durch, und fragen Sie sich, ob sie wirklich auf Sie zutreffen.

Die Beschreibungen und Hinweise sind als Hilfe für Sie gedacht, damit Sie Ihre geistlichen Gaben besser verstehen und einordnen können. Denken Sie jedoch immer daran, dass die letzte Bestätigung für Ihre geistlichen Gaben durch den Leib Christi, durch Ihre Gemeinde, geschieht.

Anleitung
Lesen Sie die Beschreibungen und Hinweise zu den Gaben durch, bei denen Sie in der vergangenen Einheit die höchste Punktzahl erreicht haben. Kreuzen Sie jeden Punkt an, der auf Sie zutrifft. Sollten Sie beim Lesen feststellen, dass die Punkte nicht wirklich auf Sie zutreffen, schauen Sie nach, was Sie als Ihre „zweite" geistliche Gabe identifiziert haben. Lesen Sie die entsprechenden Beschreibungen und Hinweise nach, vielleicht passen diese besser zu Ihnen.

Apostel

allgemeine Bedeutung: **Als Botschafter ausgesandt sein**

Die von Gott gegebene Fähigkeit, neue Dienstbereiche oder Gemeinden aufzubauen und zu betreuen.

Wo andere Menschen Grenzen sehen, sehen Menschen mit dieser Gabe Möglichkeiten; wo andere Hindernisse sehen, sehen sie Herausforderungen. Sie leisten Pionierarbeit beim Aufbau von Gemeinden oder Dienstbereichen und können sich schnell an neue Situationen anpassen und darin etwas bewirken. Auf Grund ihrer geistlichen Autorität werden sie als Pioniere anerkannt und betreuen deshalb oft mehrere Dienste in einer Gemeinde oder arbeiten übergemeindlich.

Wichtig: Während das Amt des Apostels, das die Jünger Jesu innehatten, einmalig war und so nicht mehr existiert, lebt die Rolle des Apostels heute durch diese geistliche Gabe weiter.

Kennzeichen: Menschen mit dieser Gabe ...
❏ ... gründen und bauen neue Dienstbereiche oder Gemeinden,
❏ ... passen sich an verschiedene, auch ungewohnte Umgebungen/Verhältnisse an,
❏ ... gehen sensibel und bewusst mit kulturellen oder gesellschaftlichen Unterschieden um,

- ❏ ... können sich auch vorstellen, mit Menschen zu arbeiten, die noch nie etwas von Gott gehört haben (auch in anderen Regionen oder Kulturen),
- ❏ ... übernehmen die Verantwortung für mehrere Bereiche oder Gruppen einer Gemeinde,
- ❏ ... vermitteln Autorität und Vision für das Anliegen von Mission.

Charakteristische Eigenschaften:
- ❏ lieben Herausforderungen
- ❏ denken strategisch
- ❏ ausdauernd
- ❏ anpassungsfähig
- ❏ weitsichtig
- ❏ risikobereit
- ❏ ergebnisorientiert
- ❏ mutig

Worauf Menschen mit dieser Gabe besonders achten sollten:
- ❏ Sie sollten sich bewusst sein, dass sie das Wirken des Heiligen Geistes in anderen Menschen bremsen können, wenn sie ihre Autorität missbrauchen.
- ❏ Sie sind oft Einzelkämpfer und sollten deshalb darauf achten, dass sie von der Kirche oder ihrer Gemeinde unterstützt und bestätigt werden.
- ❏ Sie können fordernd, überkritisch oder stur wirken.
- ❏ Sie sollten sich mit einem Team umgeben, das bei Pionierarbeit dafür sorgt, dass die Arbeit längerfristig abgesichert ist.
- ❏ Da diese Menschen oft im Rampenlicht stehen, müssen sie darauf achten, nicht selbstherrlich und überheblich zu werden.

Mögliche Aufgabenbereiche:
Missionar, Leiter eines Werks oder Gemeindeverbands, Kirchenvorstand, Ältester, Funktionen, in denen neue Dienste geplant und angepackt werden

Kennen Sie Personen, die diese Gabe haben?
_____
_____

Welche Beobachtungen haben Sie zu diesem Schluss gebracht?
_____
_____

Haben Sie diese Gabe? _____
_____

Warum / Warum nicht? _____
_____

Bibelstellen:
1. Korinther 12,28; Epheser 4,11–12; Römer 1,5

Auslegung von Sprachengebet

Die von Gott gegebene Fähigkeit, der Gemeinde die Worte, die jemand in Sprachen redet, verständlich zu machen.

allgemeine Bedeutung: übersetzen, interpretieren

Menschen mit dieser Gabe übernehmen eine Übersetzerfunktion in der Gemeinde. Sie legen das eigene Sprachengebet oder das anderer aus und machen es damit für die Gemeinde erst verständlich. Mit ihrer Gabe verherrlichen sie Gott, indem sie auf seine Größe und sein Reden hinweisen.

Kennzeichen: Menschen mit dieser Gabe ...
- ❏ ... verstehen eine Sprache, die sie nie gelernt haben, und übersetzen die Botschaft für die Gemeinde,
- ❏ ... reagieren auf in Sprachen geredete Worte, indem sie die Übersetzung oder Auslegung geben,
- ❏ ... loben Gott und zeigen seine Macht mit dieser Offenbarung,
- ❏ ... bauen die Gemeinde auf, indem sie eine situationsbezogene Botschaft von Gott verständlich machen,
- ❏ ... reden manchmal prophetisch, wenn sie die Sprachenrede für die Gemeinde übersetzen oder auslegen.

Charakteristische Eigenschaften:
- ❏ gehorsam
- ❏ hingegeben
- ❏ verantwortungsbewusst
- ❏ geistlich sensibel
- ❏ unterscheidend
- ❏ weise

Worauf Menschen mit dieser Gabe besonders achten sollten:
- ❏ Sie sollten sich immer bewusst sein, dass die Worte, die sie übersetzen oder auslegen, Gottes Worte und nicht menschliche Worte sind.
- ❏ Sie sollten daran denken, dass diese Gabe die Kirche weiterbringen und aufbauen soll.
- ❏ Sie sollten diese Gabe in Verbindung mit Sprachengebet in geordneter Art und Weise gebrauchen.
- ❏ Sie sollten nicht leichtfertig Auslegungen geben, die nicht sicher von Gott inspiriert sind.

Mögliche Aufgabenbereiche:
Gebetskreis, Hauskreis, Lobpreiszeiten usw.

Kennen Sie Personen, die diese Gabe haben?

Welche Beobachtungen haben Sie zu diesem Schluss gebracht?

_____

_____

Haben Sie diese Gabe? _____

_____

Warum / Warum nicht? _____

_____

Bibelstellen:
1. Korinther 12,10; 1. Korinther 14,5; 1. Korinther 14,26–28

Barmherzigkeit

allgemeine Bedeutung: Mitleid haben und helfen

Die von Gott gegebene Fähigkeit, gerne und ganz praktisch Menschen zu helfen, die leiden oder in Not sind.

Im Gleichnis vom barmherzigen Samariter gehen zwei Menschen an dem verletzten Mann vorbei, den Dritten treibt das Mitleid zum Handeln ... Menschen mit dieser Gabe können nicht an Leidenden vorübergehen, ohne berührt zu werden. Sie sind bemüht, Leid zu lindern und dessen Ursachen zu bekämpfen. Es erfüllt sie mit Freude und Befriedigung, wenn sie ganz praktisch denen helfen können, die auf irgendeine Weise (seelisch, körperlich, sozial usw.) in Not sind. Sie helfen Menschen in Not und Krisen durch praktisch tätige Liebe, Güte und Wertschätzung.

Kennzeichen: Menschen mit dieser Gabe ...
- ❏ ... bemühen sich, die Ursachen von Schmerz oder Unwohlsein zu lindern,
- ❏ ... thematisieren die Nöte der Einsamen und Vergessenen,
- ❏ ... zeigen Menschen in schwierigen Lebensumständen Liebe, Barmherzigkeit und Wertschätzung,
- ❏ ... dienen auch gerne in schwierigen oder verworrenen Umständen,
- ❏ ... interessieren sich für persönliche oder soziale Umstände, die Menschen bedrücken.

Charakteristische Eigenschaften:
- ❏ mitfühlend
- ❏ fürsorglich
- ❏ offen
- ❏ freundlich
- ❏ mit-leidend
- ❏ sensibel
- ❏ belastbar
- ❏ praktisch

Einheit 5: Gaben unter die Lupe genommen

Worauf Menschen mit dieser Gabe besonders achten sollten:
❏ Sie müssen sich bewusst machen, dass Gott auch durch Not an Menschen und ihrem geistlichen Wachstum arbeiten kann.
❏ Sie dürfen nicht enttäuscht und bitter sein, wenn Menschen, denen sie geholfen haben, ihren Dank nicht zeigen wollen oder können.
❏ Sie sollten angesichts der Umstände, die anderen Menschen Schmerz bereiten, nicht missmutig und ärgerlich werden.
❏ Sie müssen sich bewusst sein, dass Menschen, die sich nicht im gleichen Maß für Bedürftige einsetzen, deswegen keine schlechteren Christen sind.
❏ Sie dürfen sich nicht zu stark mit den Leiden anderer Menschen identifizieren.

Mögliche Aufgabenbereiche:
helfende Dienste (Kranke, Ältere, Süchtige, Menschen am Rand der Gesellschaft), Besuchsdienst, Einsätze in Krisengebieten

Kennen Sie Personen, die diese Gabe haben?
_____
_____

Welche Eigenschaften haben Sie zu diesem Schluss gebracht?
_____
_____

Haben Sie diese Gabe?
_____
_____

Warum / Warum nicht?
_____
_____

Bibelstellen:
Römer 12,8; Matthäus 5,7; Markus 10,46–52; Lukas 10,25–37; Jakobus 2,1–13, Micha 6,8

Erkenntnis

allgemeine Bedeutung: sich Wissen aneignen

Die von Gott gegebene Fähigkeit, anderen Christen durch biblische Erkenntnis Wissen von Gott zu vermitteln.

Menschen mit dieser Gabe sammeln mit großem Eifer Wissen, wo andere sich mit weniger zufrieden geben. Sie haben die Fähigkeit, biblische Wahrheiten und Zusammenhänge auffallend gut zu erfassen und zu entfalten. Oft können sie ihre Entdeckungen, die für das geistliche Wachstum des Einzelnen und der ganzen Gemeinde wichtig sind, klar und verständlich weitergeben.

Kennzeichen: Menschen mit dieser Gabe ...
- ❏ ... erhalten Einsichten, die ihnen helfen, der Gemeinde besser zu dienen,
- ❏ ... suchen in der Bibel nach Erkenntnissen, tieferem Verständnis und geistlicher Wahrheit,
- ❏ ... sehen häufig ungewöhnliche Zusammenhänge und Einsichten im Wort Gottes, die der Gemeinde und Einzelnen dienen,
- ❏ ... geben ihre Erkenntnis weiter für die Predigt oder für das praktische Leben.

Charakteristische Eigenschaften:
- ❏ wissbegierig
- ❏ offen
- ❏ beobachtend
- ❏ gründlich
- ❏ vernetztes Denken
- ❏ eifrig
- ❏ wahrheitsliebend
- ❏ liebt Zeiten des ungestörten Lesens und Nachdenkens

Worauf Menschen mit dieser Gabe besonders achten sollten:
- ❏ Sie sollten ihr Augenmerk darauf richten, nicht stolz zu werden („Wissen macht eingebildet.").
- ❏ Sie sollten immer daran denken, dass es Gottes Botschaft ist und nicht ihre eigene, wenn sie ein Wort der Erkenntnis an die Gemeinde weitergeben.
- ❏ Sie sollten ihr Wissen nicht um des Wissens willen anhäufen, sondern es zum Nutzen aller weitergeben.
- ❏ Sie sollten darauf achten, in ihrer „Wissens-Welt" nicht weltfremd zu werden und auch einmal eine Aussage stehen lassen können, die nicht ganz korrekt ist.

Mögliche Aufgabenbereiche:
Predigtvorbereitung, theologische Arbeiten, Untersuchungen, Auswertungen

Kennen Sie Personen, die diese Gabe haben?

Einheit 5: Gaben unter die Lupe genommen

Welche Eigenschaften haben Sie zu diesem Schluss gebracht?

Haben Sie diese Gabe?

Warum / Warum nicht?

Bibelstellen:
1. Korinther 12,8; Markus 2,6–8; Johannes 1,45–50; Epheser 1,17–18; Matthäus 13,52; 1. Korinther 8,1b

Ermutigung

allgemeine Bedeutung: Mut und Hoffnung vermitteln

Die von Gott gegebene Fähigkeit, andere Menschen zu ermutigen.

Menschen mit dieser Gabe schaffen intuitiv ein Umfeld, in dem andere auftanken und ermutigt weitergehen. Sie motivieren andere dazu, wieder auf Gott und seine Verheißungen zu vertrauen und neuen Mut zu schöpfen. Indem sie die starken und positiven Seiten hervorheben, werden Entmutigte zum Handeln bewegt und gewinnen wieder eine neue Perspektive, wo zuvor alles grau und hoffnungslos erschien.

Kennzeichen: Menschen mit dieser Gabe ...
- ❏ ... begleiten und stärken andere,
- ❏ ... loben und ermutigen Menschen immer wieder und motivieren sie, „dranzubleiben",
- ❏ ... fordern auch durch ihr Vorbild heraus, den Verheißungen Gottes zu glauben und ihm ganz zu vertrauen,
- ❏ ... ermutigen andere Menschen zum Handeln, indem sie biblische Aussagen auf ihr Leben oder ihre Situation anwenden,
- ❏ ... motivieren zu geistlichem und persönlichem Wachstum,
- ❏ ... halten an Gottes Verheißungen fest und vertrauen auf seinen Willen.

Charakteristische Eigenschaften:
- ❏ lebensbejahend
- ❏ motivierend
- ❏ herausfordernd
- ❏ bestärkend
- ❏ aufbauend
- ❏ unterstützend
- ❏ optimistisch
- ❏ offen
- ❏ ausdauernd

Worauf Menschen mit dieser Gabe besonders achten sollten:
- ❏ Sie können leicht zu optimistisch, zu vereinfachend oder zu oberflächlich sein.
- ❏ Sie sollten sich zuerst Zeit nehmen, den anderen zuzuhören, sie zu verstehen und zu erkennen, was sie wirklich brauchen.
- ❏ Sie können in Versuchung geraten, anderen Menschen nur positive Dinge zu sagen, und jede Konfrontation vermeiden, wo ein klärendes Wort angebracht und nötig wäre.

Mögliche Aufgabenbereiche:
Seelsorge, persönliche Gespräche, Bereichsleitung, Hauskreis, D.I.E.N.S.T.-Kurs

Kennen Sie Personen, die diese Gabe haben?
_____
_____

Welche Eigenschaften haben Sie zu diesem Schluss gebracht?
_____
_____

Haben Sie diese Gabe?
_____
_____

Warum / Warum nicht?
_____
_____

Bibelstellen:
Römer 12,8; Apostelgeschichte 11,22–24; Apostelgeschichte 15,30–32; 2. Timotheus 1,7; 1. Timotheus 4,6.12

Evangelisation

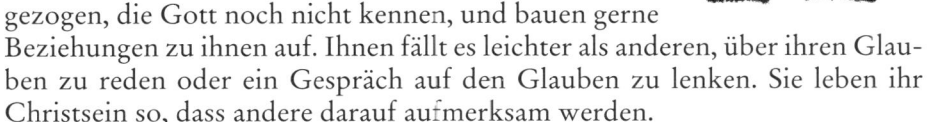

allgemeine Bedeutung: die Gute Nachricht bringen

Die von Gott gegebene Fähigkeit, Nichtchristen das Evangelium wirkungsvoll weiterzugeben, sodass diese zum Glauben an Jesus Christus kommen.

Menschen mit dieser Gabe fühlen sich zu denen hingezogen, die Gott noch nicht kennen, und bauen gerne Beziehungen zu ihnen auf. Ihnen fällt es leichter als anderen, über ihren Glauben zu reden oder ein Gespräch auf den Glauben zu lenken. Sie leben ihr Christsein so, dass andere darauf aufmerksam werden.

Kennzeichen: Menschen mit dieser Gabe ...
- ❏ ... reden gerne und leicht verständlich und überzeugend über das Evangelium,
- ❏ ... laden Menschen ein, einen Schritt auf Gott hin zu tun,
- ❏ ... suchen Gelegenheiten, mit Nichtchristen über geistliche Themen zu reden,
- ❏ ... fordern Nichtchristen heraus, ihr Leben für Gott zu öffnen,
- ❏ ... reden so über ihren Glauben, dass es den Bedürfnissen ihrer Mitmenschen entspricht,
- ❏ ... suchen Gelegenheiten, Beziehungen mit Menschen zu knüpfen, die Gott fern stehen.

Charakteristische Eigenschaften:
- ❏ aufrichtig
- ❏ gewinnend
- ❏ freundlich
- ❏ offen
- ❏ rücksichtsvoll
- ❏ vertrauenswürdig
- ❏ leben ihr Christsein glaubwürdig
- ❏ fantasievoll

Worauf Menschen mit dieser Gabe besonders achten sollten:
- ❏ Sie müssen daran denken, dass die Kraft, die einen Menschen dazu bewegt, sich für Christus zu entscheiden, Gottes Liebe und nicht Schuldbewusstsein ist.
- ❏ Sie sollten vermeiden, andere Christen zu kritisieren, die diese Gabe nicht haben. Sie sollten sich bewusst sein, dass wir zwar alle „ansteckende" Christen sein sollen, dass aber nicht alle die Gabe der Evangelisation haben.
- ❏ Sie müssen gut zuhören und dürfen nicht in Versuchung geraten, Methoden auf Menschen anzuwenden und sie als „Missionsobjekte" zu benutzen.

Mögliche Aufgabenbereiche:
offene Hauskreise leiten, Besuchsdienste, Neuzugezogene, offene Anlässe (Zielgruppe entsprechend der Neigungen), Glaubenskurse

Kennen Sie Personen, die diese Gabe haben?

Welche Eigenschaften haben Sie zu diesem Schluss gebracht?
_____
_____

Haben Sie diese Gabe? _____
_____

Warum / Warum nicht? _____
_____

Bibelstellen:
Epheser 4,11; Apostelgeschichte 8,26–40; Lukas 19,1–10

Gastfreundschaft

allgemeine Bedeutung: **Offenheit für Fremde**

Die von Gott gegebene Fähigkeit, für andere Menschen zu sorgen und ihnen Freundschaft anzubieten.

Menschen mit dieser Gabe haben ein „offenes" Haus, sodass man sich spontan willkommen fühlt. Auch außerhalb ihres Heims verströmen sie Wärme und schaffen eine ungezwungene Atmosphäre, in der Beziehungen entstehen können. Sie ermöglichen es Menschen, sich auch in ungewohnten Situationen schneller wohl zu fühlen.

Kennzeichen: Menschen mit dieser Gabe …
- ❏ … schaffen eine Atmosphäre, in der man sich wohl und wertgeschätzt fühlt,
- ❏ … schaffen gerne Beziehungen zwischen Menschen,
- ❏ … sind glücklich, wenn sie Gäste haben,
- ❏ … gehen aktiv auf Menschen zu,
- ❏ … haben ein Gespür dafür, womit sie andere erfreuen können.

Charakteristische Eigenschaften:
- ❏ freundlich
- ❏ barmherzig
- ❏ einladend
- ❏ vertrauenswürdig
- ❏ initiativ
- ❏ herzlich
- ❏ verbindend
- ❏ unkompliziert

Worauf Menschen mit dieser Gabe besonders achten sollten:
- ❏ Sie sollten ihre Gabe nicht gering schätzen und nicht nur als Unterhaltungsprogramm sehen.
- ❏ Sie sollten daran denken, Gott zu fragen, mit wem sie sich anfreunden und wen sie einladen sollen.

❏ Sie sollten darauf achten, dass sie ihre eigene Familie durch Gäste nicht überfordern.
❏ Gäste könnten zum Alibi werden, um familiären Verpflichtungen (z. B. Gespräche, Kinder) zu entgehen.

Mögliche Aufgabenbereiche:
Begrüßungsdienst, Gästebetreuung, Arbeit mit Randgruppen, Hauskreisgastgeber, Kirchenkaffee

Kennen Sie Personen, die diese Gabe haben?
_____
_____

Welche Eigenschaften haben Sie zu diesem Schluss gebracht?
_____
_____

Haben Sie diese Gabe?
_____
_____

Warum / Warum nicht?
_____
_____

Bibelstellen:
1. Petrus 4,9–10; Römer 12,13; Hebräer 13,1–2

Geben

allgemeine Bedeutung: mit anderen teilen

Die von Gott gegebene Fähigkeit, gerne und freiwillig Geld und andere Mittel für Menschen und Projekte zu spenden.

Menschen mit dieser Gabe freuen sich, wenn sie durch ihre Sach- oder Geldspende eine Arbeit ermöglichen oder voranbringen können. Sie sehen ihre Gaben als ein Vorrecht, für Gott etwas zu tun, und fragen deshalb nicht, wie viel sie spenden müssen, sondern wie viel sie zum Leben brauchen, um den Rest spenden zu können. Sie stellen großzügig Mittel zur Verfügung und vertrauen darauf, dass Gott sie versorgt. Wenn Menschen mit dieser Gabe viel Geld verdienen, kann durch sie im Reich Gottes Großes entstehen und nachhaltig bewirkt werden.

Einheit 5: Gaben unter die Lupe genommen

Kennzeichen: Menschen mit dieser Gabe ...
- ❏ ... gehen so mit ihrem Gut um und schränken ihren Lebensstil entsprechend ein, dass sie möglichst viel spenden können,
- ❏ ... begegnen Nöten und Bedürfnissen, indem sie Geld und andere Gaben zur Verfügung stellen,
- ❏ ... geben gerne und großzügig und vertrauen darauf, dass Gott sie versorgt,
- ❏ ... sehen ihren Beruf als Möglichkeit, mit dem verdienten Geld Gottes Arbeit zu unterstützen.

Charakteristische Eigenschaften:
- ❏ haushalterisch
- ❏ freigiebig
- ❏ verantwortungsbewusst
- ❏ einfallsreich
- ❏ auf Gott vertrauend
- ❏ diszipliniert
- ❏ hängen nicht an materiellem Besitz

Worauf Menschen mit dieser Gabe besonders achten sollten:
- ❏ Sie sollten ihre Gabe schätzen und sich bewusst sein, dass Geben ein wichtiger geistlicher Beitrag zum Leib Christi ist.
- ❏ Sie müssen daran denken, dass kirchliche Programme von den Verantwortlichen bestimmt werden und nicht von den größten Spendern, weil dadurch Macht und Druck ausgeübt werden könnte.
- ❏ Sie verlieren manchmal die gesunde Liebe zu sich selbst, werden knauserig, damit sie mehr spenden können.
- ❏ Ihr Ziel sollte nicht die Ehre und der Dank von Menschen sein.

Mögliche Aufgabenbereiche:
Krisenhilfe, Unterstützung von Bereichen, Koordination von Spenden, Mission

Kennen Sie Personen, die diese Gabe haben?
_____
_____

Welche Eigenschaften haben Sie zu diesem Schluss gebracht?
_____
_____

Haben Sie diese Gabe? _____
_____

Warum / Warum nicht? _____
_____

Bibelstellen:
Römer 12,8; 2. Korinther 8,3–5; Lukas 21,1–4; Matthäus 6,1–4; 1. Korinther 13,3

Gebet

allgemeine Bedeutung: sich bei Gott für etwas oder jemanden einsetzen

Die von Gott gegebene Fähigkeit, regelmäßig für die Anliegen anderer Menschen zu beten und konkrete Ergebnisse zu erwarten.

Wenn Menschen mit dieser Gabe von einer Notsituation oder einem Hindernis hören, reagieren sie spontan mit dem Vorschlag, dafür zu beten. Sie beten gerne und regelmäßig für Menschen und Anliegen und sind sich bewusst, wie wichtig Gebet ist. Sie sind davon überzeugt, dass Gott Gebet beantwortet und daraufhin handelt.

Kennzeichen: Menschen mit dieser Gabe ...
- ... beten gerne und in allen Lebenslagen,
- ... lassen sich im Gebet vom Heiligen Geist leiten,
- ... üben Gottes Autorität und Macht aus, wenn sie andere Menschen im Gebet schützen und sie für ihren Dienst ausrüsten,
- ... fühlen sich innerlich dazu getrieben, ernsthaft und ausdauernd für Anliegen zu beten,
- ... haben eine segnende Grundhaltung.

Charakteristische Eigenschaften:
- beten und vertrauen auch für andere
- fürsorglich
- wohlwollend
- aufrichtig
- zielgerichtet
- friedenstiftend
- vertrauenswürdig
- mit-tragend
- geistlich sensibel und gehorsam

Worauf Menschen mit dieser Gabe besonders achten sollten:
- Sie sollten sich bewusst machen, dass ihre Gabe wichtig ist, und daran denken, dass Fürbitte ein wichtiger Beitrag für die Gemeinde ist.
- Sie sollten Gebet nicht als Möglichkeit missbrauchen, sich anderen Verantwortungsbereichen zu entziehen.
- Sie stehen in der Gefahr, sich „heiliger" als andere Menschen zu fühlen, vor allem, wenn sie lange Zeiten im Gebet verbringen und geistliche Verbundenheit mit Gott fühlen.

Mögliche Aufgabenbereiche:
Gebetsdienst (allgemein oder an speziellen Anlässen), Krankengebet, Segnungsgebet, Missionsgebet, Verwalten eines Gebetsbriefs

Kennen Sie Personen, die diese Gabe haben?

_____

_____

Welche Eigenschaften haben Sie zu diesem Schluss gebracht?
_____
_____

Haben Sie diese Gabe? _____
_____

Warum / Warum nicht? _____
_____

Bibelstellen:
Römer 8,26–27; Johannes 17,9–26; 1. Timotheus 2,1–2; Kolosser 1,9–12; Kolosser 4,12–13; Lukas 11,1–13

Glaube

allgemeine Bedeutung: **Gott vertrauend handeln**

Die von Gott gegebene Fähigkeit, im Vertrauen auf Gottes Wort zu handeln und unerschütterlich daran zu glauben, dass er seine Verheißungen erfüllt.

Menschen mit dieser Gabe glauben unerschütterlich an Gottes Zusagen und ermutigen auch andere Menschen dazu, Gott ganz zu vertrauen. Weil sie überzeugt sind, dass Gott alle Hindernisse überwinden kann, gehen sie vorwärts, wenn sie sich von Gott geführt wissen, auch wenn andere stehen bleiben. Sie vertrauen darauf, dass Gott für sie sorgen wird.

Kennzeichen: Menschen mit dieser Gabe …
❏ … haben Vertrauen in Gottes Wort und Handeln,
❏ … erleben immer wieder, dass Gott auch heute noch Wunder vollbringt,
❏ … glauben an die Größe Gottes,
❏ … geben oft neue Richtungen vor, wo andere nur Hindernisse sehen.

Charakteristische Eigenschaften:
❏ beten gerne
❏ berufen sich im Gebet auf Gottes Wort
❏ optimistisch
❏ voller Vertrauen auf Gott
❏ zuverlässig
❏ positiv
❏ begeisterungsfähig
❏ hoffnungsvoll
❏ ausdauernd

Worauf Menschen mit dieser Gabe besonders achten sollten:
❏ Wenn sie aus ihrem Glauben heraus handeln, müssen sie manchmal große und riskante Schritte wagen.

❏ Sie sollten bedenken, dass Menschen, die mit dem Verstand entscheiden und genau planen, nicht unbedingt weniger Glauben haben.
❏ Sie sollten auf den Rat weiser und geisterfüllter Christen hören und nicht stur ihren eigenen Weg gehen.
❏ Sie sollten nicht auf andere herabschauen, die nicht die Gabe des Glaubens haben (Glaube ist auch eine Universalrolle) und diese für schlechtere oder schwächere Christen halten.

Mögliche Aufgabenbereiche:
Gebetsdienst, Kirchenvorstand, Bereiche, wo neue Ideen und Richtungen entwickelt werden

Kennen Sie Personen, die diese Gabe haben?
_____
_____

Welche Eigenschaften haben Sie zu diesem Schluss gebracht?
_____
_____

Haben Sie diese Gabe? _____
_____

Warum / Warum nicht? _____
_____

Bibelstellen:
1. Korinther 12,9; Hebräer 11,1.6; Römer 4,18–21

Handwerk

allgemeine Bedeutung: arbeiten, gestalten, bauen

Die von Gott gegebene Fähigkeit, Dinge zu entwerfen, herzustellen oder zu reparieren, die praktisch einsetzbar sind.

Menschen mit dieser Gabe sind praktisch begabt und können gut mit verschiedenen Werkzeugen und Materialien umgehen (Holz, Stein, Farbe, Metall, Stoff, Glas usw.). Sie fertigen gerne Gebrauchsgegenstände an. Wenn es darum geht, etwas zu reparieren, rufen sie nicht unbedingt den Fachmann, sondern packen das Problem schnell selbst an. Die Gabe des Handwerks ist sehr breit gefächert und kann sich in vielfältiger Form zeigen: Bau, Garten, Reparatur, Schreinern, Nähen usw.

Einheit 5: Gaben unter die Lupe genommen

Kennzeichen: Menschen mit dieser Gabe ...
- ❏ ... denken und handeln praktisch und unkompliziert,
- ❏ ... haben Freude daran, wenn sie etwas entwickeln und fertig stellen können und greifbare Ergebnisse ihrer Arbeit sehen,
- ❏ ... setzen ihre praktische Begabung gerne für andere ein.

Charakteristische Eigenschaften:
- ❏ geschickt
- ❏ einfallsreich in praktischen Dingen
- ❏ finden einfache Lösungen
- ❏ praktisch
- ❏ arbeiten oft im Hintergrund
- ❏ hilfsbereit

Worauf Menschen mit dieser Gabe besonders achten sollten:
- ❏ Sie denken unter Umständen, dass ihre Gabe nicht wichtig ist. Sie leisten aber einen sehr bedeutenden Beitrag, damit das Leben in der Gemeinde „funktioniert".
- ❏ Sie werden oft in der Gemeinde nur „benutzt", ohne dass sich jemand um ihr persönliches (geistliches) Wachstum kümmert.
- ❏ Sie sollten daran denken, dass die Dinge, die sie anfertigen, nur ein Mittel sind, um das Ziel zu erreichen, und nicht das Ziel selbst.
- ❏ Sie sollten ihre Gabe auch in die Gemeinde einbringen und nicht nur im persönlichen Bereich ausüben.

Mögliche Aufgabenbereiche:
Gebäudeinstandhaltung, Reparaturdienst für ärmere Leute, Bühnengestaltung/Dekoration, Hausdienst, Mission

Kennen Sie Personen, die diese Gabe haben?
_____
_____

Welche Eigenschaften haben Sie zu diesem Schluss gebracht?
_____
_____

Haben Sie diese Gabe? _____
_____

Warum / Warum nicht? _____
_____

Bibelstellen:
Exodus 31,3; 35,31.35; Apostelgeschichte 9,36–39; 2. Könige 22,5–6

Heilung

allgemeine Bedeutung: **Heilung von Gott vermitteln**

Die von Gott gegebene Fähigkeit, Gottes Werkzeug zu sein, damit Menschen an Leib, Seele und Geist wieder völlig gesund werden.

Menschen mit dieser Gabe zeigen Gottes Größe und Macht, indem sie durch seine Kraft Heilung bringen. Sie beten für andere Menschen, die in irgendeiner Form Heilung benötigen, und erleben, dass Gott oft Gesundheit schenkt. Sie stellen sich nicht selbst als Urheber der Heilung dar, sondern benutzen die Gelegenheit, um Gott zu verherrlichen und biblische Aussagen weiterzugeben.

Wichtig: Das Wort hat eigentlich Pluralbedeutung: „Heilungen", das heißt, dass mit dieser Gabe verschiedene Arten von Heilung möglich sind (z. B. emotional, auf der Beziehungsebene, geistlich, körperlich).

Kennzeichen: Menschen mit dieser Gabe ...
- ❏ ... zeigen die Macht Gottes, indem sie kranken Menschen Heilung bringen,
- ❏ ... sehen ihre Gabe als Mittel, um auf Gott hinzuweisen,
- ❏ ... vertrauen Gott und erleben immer wieder, dass er Menschen durch sie heilt,
- ❏ ... reagieren spontan mit Gebet, wenn sie eine Notsituation sehen.

Charakteristische Eigenschaften:
- ❏ mit-leidend
- ❏ vertrauen auf Gott
- ❏ beten gerne
- ❏ voller Glaube
- ❏ demütig
- ❏ initiativ
- ❏ gehorsam

Worauf Menschen mit dieser Gabe besonders achten sollten:
- ❏ Sie müssen sich immer wieder bewusst machen, dass es nicht ihr Glaube oder der Glaube des Kranken ist, der die Heilung bringt, sondern dass es letztlich Gott ist, der heilt.
- ❏ Sie müssen berücksichtigen, dass Gott nicht verspricht, jeden zu heilen, der ihn darum bittet oder für dessen Heilung gebetet wird.
- ❏ Sie sollten sich daran erinnern, dass auch Jesus, als er auf der Erde lebte, nicht alle Kranken und Leidenden heilte.
- ❏ Sie sollten bedenken, dass Gott Menschen auch durch medizinische Hilfe heilt.

Mögliche Aufgabenbereiche:
Krankendienst, Gebetsdienst, Seelsorge

Kennen Sie Personen, die diese Gabe haben?
_____
_____

Welche Eigenschaften haben Sie zu diesem Schluss gebracht?
_____
_____

Haben Sie diese Gabe?
_____
_____

Warum / Warum nicht?
_____
_____

Bibelstellen:
1. Korinther 12,9.28.30; Apostelgeschichte 3,1–16; Markus 2,1–12; Jakobus 5,14–15

Helfen

allgemeine Bedeutung: andere Menschen unterstützen

Die von Gott gegebene Fähigkeit, praktische und notwendige Aufgaben zu erfüllen, die andere entlasten, unterstützen und ihren Bedürfnissen entgegenkommen.

Menschen mit dieser Gabe haben ein Auge für Dinge, die erledigt werden müssen, und packen sie an, auch ohne darum gebeten worden zu sein. Es macht ihnen Freude, wenn sie andere Menschen entlasten können, auch wenn es unbeachtet im Hintergrund geschieht. Ihre Arbeit unterstützt die Gemeinde und bekommt dadurch eine geistliche Dimension.

Wichtig: Diese Gabe wird hier bewusst „Helfen" und nicht „Dienen" genannt. Wir alle sind aufgerufen, einander mit der Gabe, die Gott uns gegeben hat, zu dienen. Dienen ist also eine Haltung, die Kennzeichen aller Christen sein sollte. Helfen dagegen ist eine Gabe, die nicht alle Christen besitzen.

Kennzeichen: Menschen mit dieser Gabe …
- ❏ … haben einen Blick dafür, welche praktischen Aufgaben anfallen, und erledigen sie gerne,
- ❏ … spüren, dass sie Gott Freude machen, wenn sie alltägliche Kleinigkeiten erledigen,
- ❏ … messen ihrem praktischen Dienst geistlichen Wert bei,
- ❏ … freuen sich, wenn sie sehen, was sie mit ihren vielfältigen Arbeiten etwas bewirken konnten,
- ❏ … freuen sich, wenn sie dazu beitragen können, dass andere ihre Gaben besser einsetzen können.

Charakteristische Eigenschaften:
- ❏ hilfsbereit
- ❏ zuverlässig
- ❏ treu
- ❏ einsatzfreudig
- ❏ „sieht" die Arbeit
- ❏ flexibel
- ❏ praktisch

Worauf Menschen mit dieser Gabe besonders achten sollten:
- ❏ Sie müssen ihre Gabe schätzen lernen und sich bewusst machen, dass sie einen wichtigen Beitrag zum Aufbau der Gemeinde leisten.
- ❏ Sie müssen lernen, auch nein zu sagen.

Mögliche Aufgabenbereiche:
Hausdienst, Unterstützung anderer (z. B. Sekretariat, Bühnenarbeit, Assistent/in usw.), Nachbarschaftshilfe

Kennen Sie Personen, die diese Gabe haben? _____
_____
_____

Welche Eigenschaften haben Sie zu diesem Schluss gebracht? _____
_____
_____

Haben Sie diese Gabe? _____
_____

Warum / Warum nicht? _____
_____

Bibelstellen:
1. Korinther 12,28; Römer 12,7; Apostelgeschichte 6,1–4; Römer 16,1–2

Hirtendienst

allgemeine Bedeutung: sich um Menschen kümmern

Die von Gott gegebene Fähigkeit, Menschen zu fördern, für sie zu sorgen und sie zu geistlichem Wachstum und Reife zu führen, damit sie Christus immer ähnlicher werden.

Menschen mit dieser Gabe lieben es, in andere Menschen zu investieren, indem sie beständige Beziehungen zu ihnen aufbauen und ihnen helfen, persönlich und geistlich zu wachsen. Sie erkennen die Stärken und Schwächen der Menschen und unterstützen zielgerichtete Schritte zur Reife.

Kennzeichen: Menschen mit dieser Gabe ...
- ❏ ... übernehmen Leitung und Verantwortung für das geistliche und persönliche Wachstum von Menschen,
- ❏ ... bauen fruchtbare Beziehungen auf,
- ❏ ... freuen sich, wenn sie sehen, dass Menschen geistlich und persönlich reifen.

Charakteristische Eigenschaften:
- ❏ fördert andere
- ❏ kann eine Richtung vorgeben
- ❏ führt andere näher zu Gott
- ❏ beschützend
- ❏ unterstützend
- ❏ ermutigend
- ❏ ausdauernd

Worauf Menschen mit dieser Gabe besonders achten sollten:
- ❏ Sie sollten daran denken, dass Gott diejenigen richtet, die die ihnen übertragene Verantwortung vernachlässigen oder missbrauchen.
- ❏ Ihr Wunsch, andere Menschen zu unterstützen und zu fördern, kann es ihnen schwer machen, nein zu sagen.
- ❏ Es muss immer ihr Ziel sein, andere Menschen in die Selbstständigkeit zu führen. Das kann auch bedeuten, dass jemand über sie hinauswächst.

Mögliche Aufgabenbereiche:
Leitung von Kleingruppen, Seelsorge, Coaching, Mentoring, Zweierbeziehungen, Arbeit mit Kindern

Kennen Sie Personen, die diese Gabe haben?
_____
_____

Welche Eigenschaften haben Sie zu diesem Schluss gebracht?
_____
_____

Einheit 5: Gaben unter die Lupe genommen

Haben Sie diese Gabe? _____

Warum / Warum nicht? _____

Bibelstellen:
Epheser 4,11–12; 1. Petrus 5,1–4; Johannes 10,1–18

Kreativität

allgemeine Bedeutung: etwas Neues gestalten

Die von Gott gegebene Fähigkeit, mit Hilfe künstlerischer Ausdrucksformen von Gott zu erzählen.

Menschen mit dieser Gabe sprudeln vor Ideen, wie man etwas auf eine neue Art ausdrücken oder gestalten kann. Die Gabe der Kreativität ist sehr breit gefächert und kann im Bereich Musik, Gesang, Malen, Theater, Video, Literatur, Basteln, Gestalten usw. liegen. Menschen mit dieser Gabe haben auch im Alltag viele Ideen, wie man etwas gestalten kann. Sie entwickeln ihre Gabe gerne weiter und vertiefen sie (z. B. im Bereich der Musik).

Kennzeichen: Menschen mit dieser Gabe …
- … setzen verschiedene Formen ein, um von Gott zu erzählen,
- … fordern andere Menschen mit verschiedenen Ausdrucksformen dazu heraus, sich mit Gott auseinander zu setzen,
- … brauchen Orte und Aufgaben, wo sie die Freiheit haben, neue Ideen andenken und entwickeln zu können,
- … sind oft unkonventionell und haben viele Ideen.

Charakteristische Eigenschaften:
- fantasievoll
- ideenreich
- ausdrucksstark
- künstlerisch
- kreativ
- unkonventionell
- sensibel

Worauf Menschen mit dieser Gabe besonders achten sollten:
- Sie müssen sich daran erinnern, dass es Kreativität nicht um der Kreativität willen gibt, sondern um Gott zu loben und zur Freude und Förderung anderer Menschen.
- Sie können Schwierigkeiten haben, mit Beurteilungen und Kritik umzugehen.
- Sie können unkooperative Einzelgänger sein (aus Egoismus, Stolz oder auf Grund ihrer Persönlichkeit). Deshalb müssen sie lernen, im Team zu arbeiten und ihre Ideen einem Gesamtziel unterzuordnen.

Einheit 5: Gaben unter die Lupe genommen 103

Mögliche Aufgabenbereiche:
Musikteam, Dekoration/Video/Grafik, Gottesdienstplanungsteam, Grafikaufgaben, Theater, Arbeit mit Kindern

Kennen Sie Personen, die diese Gabe haben?
_____
_____

Welche Eigenschaften haben Sie zu diesem Schluss gebracht?
_____
_____

Haben Sie diese Gabe? _____
_____

Warum / Warum nicht? _____
_____

Bibelstellen:
Psalm 150,3–5; 2. Samuel 6,14–15; Markus 4,2.33

Lehren

allgemeine Bedeutung:

Die von Gott gegebene Fähigkeit, die Bibel zu verstehen, verständlich zu erklären und so auf das Leben anzuwenden, dass andere in ihrem Glauben und Leben einen Schritt vorwärts gehen können.

Wissen anwendbar weitergeben

Wenn Menschen mit dieser Gabe auf neues Wissen stoßen, überlegen sie sich automatisch, wie sie es an andere weitergeben können. Sie verwenden viel Sorgfalt auf Einzelheiten und nehmen sich Zeit zum (Bibel-)Studium und zum Nachdenken. Ihr Wissen können sie interessant und abwechslungsreich weitergeben, sodass andere Menschen es verstehen und auf ihr Leben anwenden können.

Kennzeichen: Menschen mit dieser Gabe ...
- ❏ ... können Wissen so vermitteln, dass andere es verstehen können,
- ❏ ... stellen Gottes Wort so dar, dass Menschen ihr Leben ändern,
- ❏ ... erhalten die Bestätigung von anderen Menschen, dass sich in ihrem Leben durch sie etwas verändert hat,
- ❏ ... bereiten sich lange und gründlich vor und streben auch im eigenen Leben nach persönlicher Reife.

Charakteristische Eigenschaften:
- kommunikativ
- diszipliniert
- wache Auffassungsgabe
- wissbegierig
- denken vernetzt
- praktisch
- analytisch

Worauf Menschen mit dieser Gabe besonders achten sollten:
- Sie sollten Stolz vermeiden, der aus ihrer „höheren" Bibelkenntnis und ihrem ausgeprägteren Verständnis entstehen kann.
- Sie können sich in Einzelheiten verlieren, wenn sie predigen oder lehren, ohne die praktische Umsetzung aufzuzeigen.
- Sie sollten sich bewusst sein, dass ihre geistliche Reife nicht nur aus Wissen bestehen darf.
- Sie sollten darauf achten, dass sie nicht „belehrend" wirken.

Mögliche Aufgabenbereiche:
Predigen, Bibelarbeiten, Seminare, Hauskreis, Bücher verfassen, Mitarbeiterschulung

Kennen Sie Personen, die diese Gabe haben?

_____

_____

Welche Eigenschaften haben Sie zu diesem Schluss gebracht?

_____

_____

Haben Sie diese Gabe?

_____

_____

Warum / Warum nicht?

_____

_____

Bibelstellen:
Römer 12,7; 1. Korinther 12,28–29; Apostelgeschichte 18,24–28; 2. Timotheus 2,2; Apostelgeschichte 2,14–41; Jakobus 3,1

Leitung

allgemeine Bedeutung: Menschen leiten oder Werken vorstehen

Die von Gott gegebene Fähigkeit, Perspektiven zu vermitteln, Menschen zu motivieren und so anzuleiten, dass sie gemeinsam Gottes Ziele erreichen.

Menschen mit dieser Gabe sind richtungsweisend in der Gemeinde oder in einem Teilbereich der Gemeinde. Sie motivieren andere Menschen dazu, das Beste aus ihren Möglichkeiten zu machen, und zeigen anderen, „wo es lang geht". Sie setzen Maßstäbe für einzelne Dienstbereiche, übernehmen Verantwortung und stecken Ziele.

Kennzeichen: Menschen mit dieser Gabe ...
- ❏ ... geben in einem Bereich oder einer Gemeinde die Richtung an,
- ❏ ... freuen sich darüber, wenn sie Menschen und Organisationen auf ein Ziel hinführen können,
- ❏ ... motivieren andere Menschen, ihre Fähigkeiten einzusetzen und weiterzuentwickeln,
- ❏ ... übernehmen gerne Verantwortung,
- ❏ ... bekommen die Bestätigung von anderen, dass sie ihnen gerne folgen,
- ❏ ... wollen die formulierten Ziele zusammen mit anderen erreichen.

Charakteristische Eigenschaften:
- ❏ haben Einfluss
- ❏ unkonventionell
- ❏ zeigen neue Perspektiven auf
- ❏ vertrauenswürdig
- ❏ beständig
- ❏ motivieren, begeistern
- ❏ wollen am liebsten als Team Ziele erreichen

Worauf Menschen mit dieser Gabe besonders achten sollten:
- ❏ Sie sollten an ihrer Glaubwürdigkeit arbeiten, weil diese ein entscheidender Punkt für die Effektivität eines Leiters ist. Wenn sie andere Menschen geistlich leiten wollen, muss auch ihre eigene Beziehung zu Gott stimmen.
- ❏ Sie sollten daran denken, dass Leitung nach Aussage der Bibel immer dienende Leitung ist, das heißt, dass sie nicht über den anderen stehen.
- ❏ Sie dürfen nicht der fixen Idee verfallen, sie könnten diese Gabe nur in der Leitung einer Gemeinde ausüben.
- ❏ Sie sollten sich für „kleine Dienste" nicht zu gut sein.

Mögliche Aufgabenbereiche:
Leitung eines Bereichs oder Gruppe (z. B. Musikteam, Hauskreis, Theaterteam, Sonntagsschule, je nach Neigung und Gabenkombination), Gemeindeleitung, Kirchenvorstand

Kennen Sie Personen, die diese Gabe haben?
___
___

Welche Eigenschaften haben Sie zu diesem Schluss gebracht?
___
___

Haben Sie diese Gabe? ___
___

Warum / Warum nicht? ___
___

Bibelstellen:
Römer 12,8; Hebräer 13,17; Lukas 22,25–26

Organisation

allgemeine Bedeutung: etwas einrichten, aufbauen, ordnen

Die von Gott gegebene Fähigkeit zu verstehen, wie eine Organisation funktioniert, sowie Arbeitsabläufe so zu planen und durchzuführen, dass gesteckte Ziele erreicht werden können.

Menschen mit dieser Gabe lieben es, Abläufe zu entwickeln und Details zu planen, damit ein reibungsloser Ablauf gewährleistet ist. Dies kann sich auf Organisationen, Projekte oder Anlässe beziehen. Sie haben ein Auge dafür, was man noch verbessern könnte, um effizienter zu sein und Reibungsverluste zu minimieren. Das griechische Wort *kybernes* könnte man auch mit „Steuermann" übersetzen, das heißt, jemand mit der Gabe der Organisation steuert ein Schiff zu einem Ziel, das von der Leitung festgelegt wurde.

Kennzeichen: Menschen mit dieser Gabe ...
❏ ... denken in Abläufen,
❏ ... erfüllt es mit Freude, wenn Aufgaben effizient und mit Qualität erledigt werden,
❏ ... entwickeln Bestehendes gerne weiter,
❏ ... koordinieren Ressourcen, Aufgaben und Veranstaltungen,
❏ ... verhelfen Organisationen zu mehr Effektivität,
❏ ... schaffen Ordnung statt organisatorischem Chaos.

Charakteristische Eigenschaften:
- sorgfältig
- vernetztes Denken
- objektiv
- verantwortungsbewusst
- organisiert
- effektiv
- gewissenhaft

Worauf Menschen mit dieser Gabe besonders achten sollten:
- Sie müssen bereit sein, ihre Pläne eventuellen Veränderungen anzupassen, damit sie nicht den umfassenderen Plänen der Gemeindeleitung im Weg stehen.
- Sie können Gefahr laufen, Menschen zu gebrauchen, um ihre Ziele zu erreichen, ohne an deren persönlichem Wachstum während dieses Prozesses interessiert zu sein.
- Sie können der falschen Meinung erliegen, dass Gottes Pläne schon mit dem Erreichen eines organisatorischen Ziels erfüllt seien.

Mögliche Aufgabenbereiche:
Planung, Finanzen, Tagungen, Seminare, Freizeiten usw. organisieren, interne Abläufe durchleuchten

Kennen Sie Personen, die diese Gabe haben?
_____
_____

Welche Eigenschaften haben Sie zu diesem Schluss gebracht?
_____
_____

Haben Sie diese Gabe?
_____
_____

Warum / Warum nicht?
_____
_____

Bibelstellen:
1. Korinther 12,28; Apostelgeschichte 6,1–7; Exodus 18,13–26

Prophetie

Die von Gott gegebene Fähigkeit, Gottes Wahrheit für eine bestimmte Situation zu offenbaren und so konkret auszusprechen, dass sie zu mehr Verständnis, zu Korrektur, Umkehr oder Ermutigung führt.

allgemeine Bedeutung: eine Situation von Gott her deuten

Wenn sich in der Gesellschaft Verhaltensmuster oder Trends einschleichen, die im Widerspruch zur Bibel stehen, sind Menschen mit der Gabe der Prophetie oft die ersten, die dies erkennen. Sie haben den Mut, ihre Beobachtungen offen auszusprechen und in das Leben von Menschen und Gruppen hineinzusprechen, auch wenn die Wahrheit vielleicht unbequem ist. So bewirken sie Veränderungen, Reue, Ermutigung oder Korrektur. Ihre Botschaft kann also auf die Gegenwart oder die Zukunft bezogen sein.

Kennzeichen: Menschen mit dieser Gabe ...
- ❏ ... decken bei anderen Menschen Sünde oder Täuschung auf, um sie zur Veränderung zu bewegen,
- ❏ ... sprechen ein situationsbezogenes Wort von Gott aus, das Überführung, Umkehr oder Ermutigung bewirkt,
- ❏ ... sehen oft Wahrheiten, die andere nicht sehen wollen oder können, und fordern sie zum Handeln heraus,
- ❏ ... verstehen durch Erfahrungen, die sie mit Gott gemacht haben, was Gottes Anliegen sind.

Charakteristische Eigenschaften:
- ❏ scharfsichtig
- ❏ drängen vorwärts
- ❏ kompromisslos
- ❏ freimütig
- ❏ bestimmend
- ❏ entlarvend
- ❏ konfrontationsbereit
- ❏ weitsichtig

Worauf Menschen mit dieser Gabe besonders achten sollten:
- ❏ Sie müssen daran denken, dass ihre Zuhörer ihre Worte zurückweisen könnten, wenn sie nicht in Liebe ausgesprochen werden.
- ❏ Sie dürfen nicht stolz werden, da sie sonst fordernd oder entmutigend wirken und damit die gute Frucht ihrer Gabe verhindern.
- ❏ Prophetisches Reden muss mit der Bibel und der gesunden Urteilskraft übereinstimmen und davon unterstützt werden.

Mögliche Aufgabenbereiche:
Kirchenvorstand, Langzeit-Planungsteams, Seelsorgedienst, Gottesdienste

Kennen Sie Personen, die diese Gabe haben?
_____
_____

Welche Eigenschaften haben Sie zu diesem Schluss gebracht?
_____
_____

Haben Sie diese Gabe? _____
_____

Warum / Warum nicht? _____
_____

Bibelstellen:
Römer 12,6; 1. Korinther 12,10.28; 1. Korinther 13,2; 2. Petrus 1,19–21; 1. Korinther 14,29

Sprachengebet

allgemeine Bedeutung: in anderen Sprachen reden oder beten

Die von Gott gegebene Fähigkeit, in einer Sprache, die der Sprecher nicht kennt, zu reden, zu beten oder Gott zu loben.

Das Sprachengebet kann im privaten Gebet oder in der Gemeinde praktiziert werden. Im Allgemeinen dient es der persönlichen Auferbauung des Betenden. Wenn es jedoch durch die Gabe der Auslegung von Sprachengebet unterstützt wird, kann es der ganzen Gemeinde dienen. Menschen mit dieser Gabe können so eine Botschaft von Gott weitergeben. Beim Einsatz in der Gemeinde sollte es gemäß 1. Korinther 14 ausgelegt werden.

Kennzeichen: Menschen mit dieser Gabe ...
❏ sprechen ein Wort des Heiligen Geistes aus, dessen Auslegung die Gemeinde aufbaut,
❏ sprechen in einer Sprache, die sie nie gelernt haben und die sie nicht verstehen,
❏ loben Gott mit Worten, die zu tief sind, als dass der Verstand sie erfassen könnte,

❏ erfahren eine große Vertrautheit mit Gott, die sie dazu veranlasst, anderen Menschen zu dienen und sie zu ermutigen.

Charakteristische Eigenschaften:
❏ sensibel
❏ beten gerne
❏ initiativ
❏ vertrauend
❏ hingegeben
❏ spontan

Worauf Menschen mit dieser Gabe besonders achten sollten:
❏ Sie sollten in der Gemeinde schweigen, wenn niemand da ist, der übersetzen kann.
❏ Sie sollten nicht von anderen Christen erwarten, dass auch sie diese Gabe haben. Falscher Druck erzeugt in diesem Bereich nur zu oft unechtes Verhalten.
❏ Sie sollten daran denken, dass alle Gaben andere Menschen fördern sollen.

Mögliche Aufgabenbereiche:
Gebetsdienst, Segnungsdienst, Anbetungsteam

Kennen Sie Personen, die diese Gabe haben?
_____
_____

Welche Eigenschaften haben Sie zu diesem Schluss gebracht?
_____
_____

Haben Sie diese Gabe?
_____
_____

Warum / Warum nicht?
_____
_____

Bibelstellen:
1. Korinther 12,10; 1. Korinther 12,28–29; 1. Korinther 13,1; 1. Korinther 14,1–33; Apostelgeschichte 2,1–11

Unterscheidung der Geister

allgemeine Bedeutung: trennen, unterscheiden, differenziert sehen

Die von Gott gegebene Fähigkeit, Wahrheit und Irrtum klar aufzuzeigen. Die Gabe beinhaltet die Fähigkeit, die Geister zu unterscheiden und zu sehen, was gut und böse, richtig und falsch ist.

Menschen mit dieser Gabe achten sehr genau auf die Motivation, die sich hinter einer Handlung verbirgt, und lassen sich nicht von Erfolgen oder schönen Worten blenden. Sie sehen hinter Masken und Verstellungen und erkennen Falschheit, die andere nicht erkennen. Sie spüren, wenn eine Person etwas vorspielt, oft bevor es sich in konkreten Handlungen zeigt.

Kennzeichen: Menschen mit dieser Gabe ...
- ❏ ... unterscheiden zwischen Wahrheit und Irrtum, richtig und falsch, zwischen guten und schlechten Motiven,
- ❏ ... sie erkennen mit großer Genauigkeit, wenn andere Menschen unehrlich sind oder täuschen,
- ❏ ... sie können sagen, ob ein Wort wirklich von Gott kommt,
- ❏ ... sie erkennen Ungereimtheiten in Predigt, prophetischem Reden oder Auslegung,
- ❏ ... sie sind in der Lage, die Gegenwart des Bösen oder des Heiligen Geistes zu spüren.

Charakteristische Eigenschaften:
- ❏ scharfsinnig
- ❏ einsichtig
- ❏ intuitiv
- ❏ sicher in Entscheidungen
- ❏ wahrheitsliebend
- ❏ beobachten genau
- ❏ unbestechlich

Worauf Menschen mit dieser Gabe besonders achten sollten:
- ❏ Sie können Schwierigkeiten haben, die Eindrücke, Gefühle oder Erkenntnisse, die sie spüren, so auszudrücken, dass andere sie richtig verstehen.
- ❏ Sie können zu hart und direkt sein, wenn sie andere Menschen mit der Wahrheit konfrontieren, und ihre Einwände nicht in Liebe sagen.
- ❏ Da für sie vieles klar und einleuchtend ist, reagieren sie oft (vor-)schnell. Sie sollten daher ihre Eindrücke bestätigen lassen, bevor sie sie aussprechen.

Mögliche Aufgabenbereiche:
Kirchenvorstand, Planung, Seelsorge, Gebetsdienst

Kennen Sie Personen, die diese Gabe haben?

Welche Eigenschaften haben Sie zu diesem Schluss gebracht?
___
___

Haben Sie diese Gabe?
___
___

Warum / Warum nicht?
___
___

Bibelstellen:
1. Korinther 12,10; Apostelgeschichte 5,1–4; Matthäus 16,21–23; Matthäus 4,1–11

Weisheit

allgemeine Bedeutung: Wahrheit praktisch anwenden

Die von Gott gegebene Fähigkeit, geistliche Wahrheiten und Wissen auf eine konkrete Situation oder ein Bedürfnis anzuwenden.

Wenn Menschen unsicher sind, wie sie sich in einer bestimmten Situation verhalten sollen oder wenn sie einen Rat benötigen, helfen ihnen andere weiter, die die Gabe der Weisheit haben. Im Gegensatz zur Gabe der Erkenntnis geht es diesen nicht in erster Linie darum, sich neues Wissen anzueignen, sondern sie schöpfen aus ihrem Erfahrungsschatz und wenden ihr Wissen ganz praktisch an.

Kennzeichen: Menschen mit dieser Gabe ...
- ❏ ... erkennen die Konsequenzen von Entscheidungen und Handlungen,
- ❏ ... sehen Bedürfnisse und wie man ihnen begegnen kann,
- ❏ ... finden von Gott gegebene Lösungen inmitten von Konflikten oder unklaren Situationen,
- ❏ ... hören besonders sensibel auf den Heiligen Geist, um zu erkennen, was Gottes Wille für eine bestimmte Situation ist,
- ❏ ... können geistliche Wahrheiten konkret und praktisch umsetzen.

Charakteristische Eigenschaften:
- ❏ sensibel
- ❏ voller Erkenntnis
- ❏ praktisch
- ❏ weise
- ❏ aufrichtig
- ❏ lernen aus Erfahrungen
- ❏ gesunder Menschenverstand

Worauf Menschen mit dieser Gabe besonders achten sollten:
- Sie sollten die Weisheit, die Gott ihnen gegeben hat, nicht für sich behalten, sondern mit anderen teilen.
- Sie müssen vermeiden, dass andere Menschen von ihnen abhängig statt selbstständig werden. Es besteht die Gefahr, dass ihr Glaube dadurch geschwächt wird.
- Sie müssen mit anderen Menschen, die diese Gabe nicht haben, geduldig sein.

Mögliche Aufgabenbereiche:
Seelsorge, Lebensberatung, Gemeindevorstand, Konfliktlösung, Bereichsleitung, Mentoring

Kennen Sie Personen, die diese Gabe haben?
___
___

Welche Eigenschaften haben Sie zu diesem Schluss gebracht?
___
___

Haben Sie diese Gabe? ___
___

Warum / Warum nicht? ___
___

Bibelstellen:
1. Korinther 12,8; Jakobus 3,13–18; 1. Korinther 2,3–14; Jeremia 9,23

Wundertaten

allgemeine Bedeutung: übernatürliche Taten vollbringen

Die von Gott gegebene Fähigkeit, durch übernatürliche Ereignisse Gottes Wirken sichtbar werden zu lassen.

Durch Menschen, die diese Gabe haben, wirkt Gott Taten, die weit über das hinausgehen, was „natürlich" möglich ist (z. B. Durchbrechen von Naturgesetzen). Sie vertrauen auf Gottes Macht, auch wenn die äußeren Umstände dagegen sprechen. Die vollbrachten Wunder dienen aber nicht dem Selbstzweck, sondern verherrlichen Gott und weisen immer auf seine Macht hin.

Kennzeichen: Menschen mit dieser Gabe ...
- ❏ ... sprechen Gottes Wahrheiten aus und bestätigen sie durch begleitende Zeichen und Wunder,
- ❏ ... vertrauen fest darauf, dass Gott treu ist und seine Gegenwart auch heute durch Wunder zeigen kann,
- ❏ ... sprechen mit Vollmacht von Gottes Wort und Wirken,
- ❏ ... bezeichnen klar Gott als Urheber der Wundertaten und loben ihn,
- ❏ ... haben in ihrem Handeln Jesus vor Augen und wollen andere Menschen in eine lebendige Beziehung mit Gott führen.

Charakteristische Eigenschaften:
- ❏ stark
- ❏ mutig
- ❏ risikobereit
- ❏ bestimmend
- ❏ demütig
- ❏ überzeugend
- ❏ betend
- ❏ initiativ

Worauf Menschen mit dieser Gabe besonders achten sollten:
- ❏ Sie müssen immer daran denken, dass ihre Taten Gott verherrlichen sollen, und dürfen diese nicht zu eigennützigen Zwecken missbrauchen.
- ❏ Sie dürfen nicht stolz werden und anderen den Glauben absprechen, die diese Gabe nicht haben.
- ❏ Sie sollten sich bewusst sein, dass Glaube bei anderen Menschen nicht nur durch Wunder wächst.

Mögliche Aufgabenbereiche:
Gebetsdienst, Mission, Evangelisation, Krankengebet

Kennen Sie Personen, die diese Gabe haben? _____

_____

Welche Eigenschaften haben Sie zu diesem Schluss gebracht? _____

_____

Haben Sie diese Gabe? _____

Warum / Warum nicht? _____

Bibelstellen:
1. Korinther 12,10; 1. Korinther 12,28–29; Johannes 2,1–11; Lukas 5,1–11; Apostelgeschichte 28,1–6

Kleingruppe: Die geistlichen Gaben der anderen

Anleitung
Bilden Sie mit drei anderen Leuten eine Kleingruppe und sprechen Sie über folgende Fragen:

1. Was sind Ihre stärksten geistlichen Gaben, und warum denken Sie, dass Sie diese haben?
2. Vor welchen Gefahren müssen Sie sich hüten, wenn Sie diese Gaben einsetzen?
3. Wenn sich die Mitglieder der Gruppe bereits kennen: Sagen Sie einander, wo Sie diese Gabe schon bei den anderen Personen des Kreises beobachtet haben.

Hören Sie aufmerksam zu, wenn die anderen Mitglieder Ihrer Gruppe über ihre Gaben reden. So können Sie ein besseres Verständnis von anderen Gaben gewinnen.

3 Punkte, an denen Vorsicht geboten ist

Jede Gabe beinhaltet eine Gefahr, wenn wir ihre Grenzen nicht beachten. Neben den speziellen Punkten, an denen für spezifische Gaben Vorsicht geboten ist, gibt es auch einige allgemeine Punkte, über die man stolpern kann.

1. Projektion

Wir haben manchmal das Gefühl, was uns leicht von der Hand geht, müsse allen anderen auch leicht von der Hand gehen. Und was uns wichtig ist, müsse auch anderen wichtig sein.

Jemand mit der Gabe der Barmherzigkeit läuft Gefahr zu denken, jeder richtige Christ müsse sich in gleichem Maße um andere kümmern wie er. Jemand mit der Gabe der Erkenntnis versteht nicht, warum sich andere nicht in gleichem Maß in einen Bibeltext vertiefen, und zweifelt deswegen an deren Ernsthaftigkeit. D. h. wir projizieren unsere Gaben auf die anderen. Typische Aussagen, die auf Projektion hindeuten sind:

- „Wenn du nur so wärst wie ich."
- „Wenn du nur den gleichen Einsatz zeigen würdest wie ich."
- „Was ist denn so besonders daran, das kann doch jeder!"

2. Überheblichkeit

Die Überheblichkeit sagt: „Meine geistlichen Gaben sind wichtiger als deine." Wir stellen mit unserer Gabe uns statt Gott in den Mittelpunkt. Spektakuläre Gaben oder Gaben, die im Rampenlicht stehen, sind besonders gefährdet.

Typische Aussagen, die auf Überheblichkeit hindeuten, sind:

- „Ich habe halt die Gabe des ..."
- „Diese Person ist wichtig, sie hat die Gabe des ..."
- „Diese Person hat eben nur die Gabe des ..."

3. Ablehnung

Gott hat uns unsere Gaben gegeben, damit wir sie für ihn einsetzen. Wenn wir unsere Gaben aus Faulheit, Unwissenheit oder aus falscher Bescheidenheit ablehnen, stehlen wir uns aus unserer Verantwortung.

Wie im Gleichnis von den anvertrauten Talenten (Matthäus 25) vergraben wir unsere Gaben, statt mit ihnen zu handeln.

Typische Aussagen, die auf Ablehnung von Gaben hindeuten können, sind:

- „Ich habe keine Gaben."
- „Was ich mache, ist ja nichts Besonderes."
- „Wenn ich eine andere Gabe hätte, könnte ich auch besser dienen."

Mögliche Gründe sind Unwissenheit, Faulheit, falsche Bescheidenheit oder unangenehme Konsequenzen.

Neigungen und Gaben verknüpfen

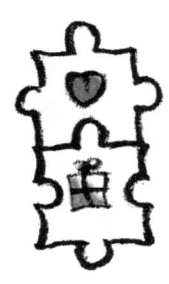

Gaben und Neigungen sind die ersten beiden Elemente unseres D.I.E.N.S.T.-Profils. Sie zeigen uns den Weg zum Einsatzort.

Neigungen beantworten die Frage nach dem WO (wo und wofür setzen wir uns gerne ein). Gaben beantworten dagegen die Frage nach dem WAS (was tun wir gut und gerne).

Je nachdem, welche Gabe und welche Neigung kombiniert werden, entsteht ein ganz anderes Bild und der Einsatzort kann ganz verschieden sein.

Im unten stehenden Beispiel haben alle die gleiche Neigung (Arbeit mit Kindern zwischen 6 und 10 Jahren), aber verschiedene Gaben. Daraus ergeben sich verschiedene Einsatzorte.

Gleiche Neigung	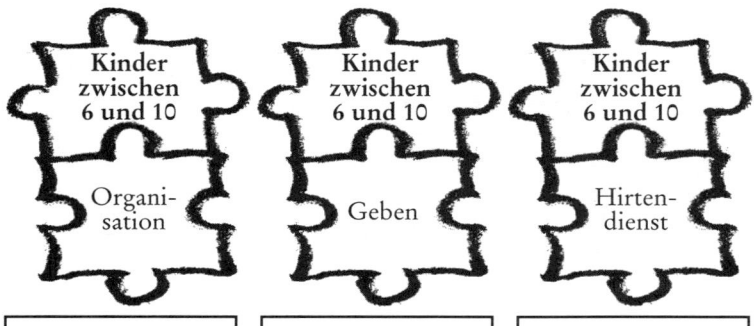 Kinder zwischen 6 und 10	Kinder zwischen 6 und 10	Kinder zwischen 6 und 10
Unterschiedliche Gaben	Organisation	Geben	Hirtendienst
Mögliche Aufgabenbereiche	• Veranstaltungen, Ferienlager, Freizeiten mit Kindern organisieren • Kontaktinformationen von Kindern und Eltern verwalten • Einsatzpläne für Helfer und Material erstellen	• Veranstaltungen und Material für die Arbeit mit Kindern finanzieren • Patenschaft für ein Kind oder eine Familie übernehmen • Kindermitarbeiter finanziell unterstützen	• Kleingruppe mit Kindern leiten • Kinder in schwierigen Situationen begleiten • Eltern von Kindern mit Erziehungsproblemen begleiten

Im nächsten Beispiel haben alle die gleiche Gabe (Lehren), aber verschiedene Neigungen, auch das ergibt unterschiedliche Einsatzorte.

118   Einheit 5: Gaben unter die Lupe genommen

	Finanzen	Jüngerschaft	Sport
Unterschiedliche Neigung			
Gleiche Gaben	Lehren	Lehren	Lehren
Mögliche Aufgabenbereiche	• Kurse erarbeiten und leiten, wie Menschen verantwortungsvoll mit Geld umgehen können • Gemeindemitarbeiter in Rechnungswesen schulen	• in Kleingruppen lehren • Menschen beratend begleiten • Schulungsprogramme über geistliches Wachstum erarbeiten und durchführen	• Menschen helfen, im Alltag fit zu bleiben • Training einer Mannschaft • Andachten anbieten, die auf Sportler ausgerichtet sind

Kleingruppe

Anleitung
1. Nehmen Sie eine Ihrer Gaben und eine Ihrer Neigungen von Seite 22 und Seite 79. und schreiben Sie sie in das Raster.
2. Überlegen Sie zunächst alleine, welcher Aufgabenbereich für Sie in Frage käme. Achten Sie dabei noch nicht darauf, ob dieser Bereich bereits in Ihrer Gemeinde vorhanden ist.
3. Nennen Sie der Gruppe Ihre Neigungen und Gaben.
4. Die Gruppe nennt möglichst viele Bereiche, die zu Ihrer Kombination passen könnten.

eine meiner Neigungen	
eine meiner Gaben	
mögliche Aufgabengebiete	

Im D.I.E.N.S.T.-Beratungsgespräch, das im Anschluss an dieses Seminar stattfindet, haben Sie Gelegenheit, zusammen mit einem Berater einen passenden Platz in Ihrer Gemeinde zu finden. Nutzen Sie diese Chance.

> **Übung für die kommende Woche**
>
> - Erzählen Sie anderen von Ihren Neigungen und Gaben, und fragen Sie sie, welche Aufgaben ihrer Meinung nach zu Ihnen passen könnten.
> - Kombinieren Sie Ihre anderen Gaben und Neigungen und finden Sie einen passenden Arbeitsbereich.

Zusammenfassung

Nun haben wir bereits zwei Elemente unseres Persönlichkeitsprofils kennen gelernt. Das erste sind die Neigungen; sie beantworten die Frage nach dem WO („Wo soll ich mitarbeiten?"). Das zweite sind die Gaben; sie beantworten die Frage nach dem WAS („Was soll ich tun, wenn ich mitarbeite?"). Wenn wir unseren Platz suchen, müssen wir unsere Kombination aus Neigung und Gaben betrachten. Nicht jede Person, die eine Neigung für die Arbeit mit Kindern hat, arbeitet direkt im Kindergottesdienst. Wenn diese Neigung zum Beispiel mit der Gabe des Gebens kombiniert ist, wird diese Person vielleicht am liebsten Leute unterstützen, die mit Kindern arbeiten. Wenn sie selbst mit Kindern arbeiten müsste, wäre sie trotz ihrer Neigung unglücklich, weil sie nicht die nötigen Gaben dafür hätte. Entsprechend muss nicht jede Person, die die Gabe des Lehrens hat, im Gottesdienst predigen. Je nach Neigung arbeitet sie vielleicht lieber mit Sportlern zusammen oder veranstaltet Seminare über den Umgang mit Geld. Versuchen Sie selbst, Ihre Gaben und Neigungen zu kombinieren, und finden Sie so den Platz, an dem Sie sich am besten einbringen können.

Je besser man sich selbst kennt, desto besser weiß man, wo man sich am effektivsten einsetzen kann. Aus diesem Grund finden Sie in dieser Einheit zu jeder Gabe eine ausführliche Beschreibung. Überprüfen Sie anhand dieser Beschreibung, ob die Gaben, die Sie beim Ausfüllen des Gabenfragebogens entdeckt haben, wirklich auf Sie zutreffen und was Sie beim Umsetzen beachten müssen.

Wir alle laufen Gefahr zu wünschen, alle wären wie wir (Gabenprojektion), und sehen unsere Unterschiedlichkeit als Trennung statt als Ergänzung. Oft haben wir auch das Gefühl, unsere Gabe sei die wichtigste, und schauen auf andere herab (Überheblichkeit). Oder wir denken, wir hätten keine oder die falschen Gaben, und setzen uns darum nicht ein (Ablehnung). Wir müssen darauf achten, nicht in diese Fallen zu treten. Es hilft, wenn wir Gott bewusst um Liebe für ihn und andere Menschen bitten. So können wir uns gegenseitig dienen und ergänzen, ohne miteinander in Konkurrenz zu stehen.

Einheit 6: Persönlichkeitsstil

Die Art, wie Sie Herausforderungen angehen.

Haben Sie gewusst, dass

- Lokomotivführer ihren Einsatzplan ein ganzes Jahr im Voraus kennen?
- Außendienstmitarbeiter dagegen oft am Morgen nicht wissen, bei welchem Kunden sie am Mittag wo und wie lange sind?

Welcher Job ist Ihnen auf Anhieb sympathischer?

Entdecken Sie in dieser Einheit Ihren Persönlichkeitsstil:

- Nehmen Sie sich in Ihrer Umwelt eher als offensiv oder defensiv wahr?
- Gehen Sie die Herausforderungen eher aufgabenorientiert oder menschenorientiert an?

Jeder nimmt Herausforderungen anders an

Wenn wir über unterschiedliche Vorgehensweisen sprechen, dann geht es immer um Vorlieben. Dahinter verbirgt sich die Beobachtung, dass wir effektiver sind und weniger schnell ermüden, wenn wir Herausforderungen so angehen können, wie es unserem Persönlichkeitsstil (auch: Verhaltensstil) entspricht.

Schreiben Sie Ihren Namen auf die folgende Zeile.

A. _Nelly Plato_

B. _Nelly Plato_

Ich gehe davon aus, dass Sie Ihren Namen mit der rechten und mit der linken Hand schreiben konnten. Aber eine entsprach eher Ihrer Vorliebe beim Schreiben, je nachdem, ob Sie Rechts- oder Linkshänder sind. Entsprechend gehen wir auch Herausforderungen auf eine ganz bestimmte Weise an.

Um diesen Vorlieben auf die Spur zu kommen, werden wir uns im Folgenden mit den unterschiedlichen Verhaltensstilen beschäftigen, die unsere Persönlichkeit ausmachen.

Der Persönlichkeitsstil

> *Definition:*
> Unser Persönlichkeitsstil beschreibt, wie wir eine Aufgabe angehen. Er besteht aus zwei Dimensionen. Die erste sagt aus, was uns motiviert (ob wir aufgaben- oder menschenorientiert sind), die zweite beschreibt, wie wir uns in unserem Umfeld wahrnehmen (defensiv oder offensiv).

Das Verhalten ist der Teil der Persönlichkeit, den wir am anderen beobachten können. Dabei ist das Verhalten situativ, das heißt, wir können uns in unterschiedlichen Situationen anders verhalten, je nach Anforderung der Situation.

Wir sind so, wie wir sind, mit unserer Gesamtpersönlichkeit und unserem Verhalten, von Gott geliebt. Keiner der vier Verhaltensstile ist besser oder schlechter.

Der Verhaltensstil beantwortet die Frage nach dem _Wie_____:
„Wie gehe ich am liebsten an eine Herausforderung heran?"

1. Was motiviert Sie: Sind Sie aufgaben- oder menschenorientiert?

Aufgabenorientierte Menschen bekommen ihre Motivation dadurch, dass sie sachlich an Aufgaben herangehen können. Menschenorientierte Personen erhalten ihre Energie, indem sie sich auf Beziehungen zu anderen Menschen einlassen.

Aufgabenorientiert	Menschenorientiert
Erhalten ihre Energie aus der Erfüllung von Aufgaben.	Erhalten ihre Energie aus der Pflege von Beziehungen.
Wollen zuerst Aufgaben erfüllen.	Wollen zuerst Beziehungen pflegen.
Brauchen Orte, an denen sie Aufgaben erfüllen können, um anderen Menschen zu dienen.	Brauchen Orte, an denen sie mit Menschen zu tun haben, um eine Aufgabe zu erfüllen.

Wichtig: Sowohl aufgabenorientierten als auch menschenorientierten Personen ist es wichtig, Beziehungen aufzubauen und Ziele zu erreichen. Sie unterscheiden sich aber dadurch, dass sie unterschiedliche Prioritäten und Wege haben, um dies in die Tat umzusetzen.

2. Wie gehen Sie Herausforderungen in Ihrer Umwelt an? Sind Sie eher offensiv oder defensiv?

Menschen, die sich offensiv in ihrer Umwelt wahrnehmen, denken, dass sie ihre Umwelt beeinflussen und Veränderungen durchführen oder auf bestehenden aufbauen können. Wer sich als offensiv wahrnimmt, glaubt, dass er seine Ziele mit Willenskraft oder Überzeugungskunst erreichen kann. Menschen, die sich defensiv in ihrer Umwelt wahrnehmen, denken, dass sie ihre Ziele dadurch erreichen, dass sie sich an bestehende Richtlinien halten, um die Qualität sicherzustellen, oder durch Beständigkeit und Zusammenarbeit mit anderen.

Defensiv	Offensiv
Bevorzugen es, genau zu planen und Ordnung in ihrem Leben zu haben.	Bevorzugen eine Menge Möglichkeiten, um flexibel entscheiden zu können.
Empfinden Neuland bedrohlich und Strukturen als Hilfe.	Empfinden Neuland inspirierend und Strukturen einengend.
Aufgaben sollten klar umrissen sein.	Aufgaben sollten möglichst allgemein beschrieben sein.
Ihre Beziehungen zu anderen Menschen sollten beständig sein.	Ihre Beziehungen zu anderen Menschen sollten spontan sein.

Wichtig: Offensive Menschen sind nicht etwa schwer einzugliedern oder wollen ständig Veränderungen. Auch sie sind daran interessiert, eine kontinuierliche Arbeit zu leisten.

Defensive Personen sind nicht etwa meinungslos oder unflexibel. Sie denken, dass sie durch Zusammenarbeit oder Sicherstellung der Qualität die Herausforderungen des Alltags besser bewältigen können.

Sowohl Menschen mit offensiver als auch Menschen mit defensiver Wahrnehmung ihrer selbst in ihrem Umfeld halten es für wichtig, organisiert zu sein. Aber beide Gruppen haben ein unterschiedliches Verständnis von Organisation und Flexibilität.

Sie merken: Es gibt keinen besseren oder schlechteren Verhaltensstil. Sie sind einfach verschieden. Sie merken auch, dass der Verhaltensstil die Zusammenarbeit von Menschen sehr stark beeinflusst.

Selbsteinschätzung zu Ihrer Verhaltenstendenz in einer konkreten Situation

Wir haben für Sie einen Fragebogen entworfen, der Sie auf die Spur Ihrer Verhaltenstendenzen bringt.

Anleitung

1. Überlegen Sie sich ein Umfeld, für das Sie die Selbsteinschätzung ausfüllen werden. Wir haben gesagt, dass Verhalten situativ unterschiedlich sein kann. Deshalb füllen Sie bitte die Selbsteinschätzung mit einem bestimmten Fokus aus. Wir schlagen vor, dass Sie als Fokus das Ehrenamt wählen. Falls Sie bisher noch nicht ehrenamtlich mitgearbeitet haben, aber schon mal in einem Verein tätig waren, wählen Sie dieses. Mögliche weitere Fokusse: Mitarbeit in Initiativen, Parteien oder zu Hause bei der Urlaubsplanung usw. Wichtig ist, dass sich Ihr Fokus auf eine konkrete Situation bezieht.

2. Lesen Sie bitte die Spalten von links nach rechts Wort für Wort durch und bewerten Sie die einzelnen Aussagen. Bitte geben Sie jedem Wort pro waagerechter Reihe eine Bewertung von 1 bis 4. Die Bewertung zeigt, wie genau die jeweilige Aussage zutrifft.
   1 = trifft am wenigsten zu
   2 = trifft am zweitwenigsten zu
   3 = trifft am zweitbesten zu
   4 = trifft am besten zu

3. Bitte schreiben Sie Ihre Bewertung in das freie Kästchen neben dem Wort.

4. Bitte beachten: Sie dürfen in jeder waagerechten Reihe jeweils nur einmal die 1, 1x die Zwei, 1x die Drei und 1x die Vier vergeben. (Beachten Sie bitte das Beispiel oben rechts.)

5. Zur Erinnerung: Antworten Sie spontan und denken Sie an Ihren gewählten Fokus.

Antworten Sie nicht so, wie es Ihrer Meinung nach den Erwartungen anderer Menschen entsprechen würde.
Schätzen Sie sich so ein, wie es am ehesten Ihrem natürlichen Verhalten oder Ihrer Sichtweise entspricht.

Einheit 6: Persönlichkeitsstil

Anregung: Sie können den Fragebogen auch mehrmals ausfüllen, wenn Sie bei Ihren Überlegungen unterschiedliche Lebensbereiche berücksichtigen. Sie werden sicher ein anderes Ergebnis erhalten, wenn Sie an Ihren Beruf oder Urlaub denken oder wenn Sie Ihre Situation in der Gemeinde vor Augen haben.

Wählen Sie eine Situation aus:

Der Beginn:
Denken Sie an eine spezifische Situation, die Ihnen wichtig ist. Schreiben Sie Ihren gewählten Focus in die leeren Zeilen.

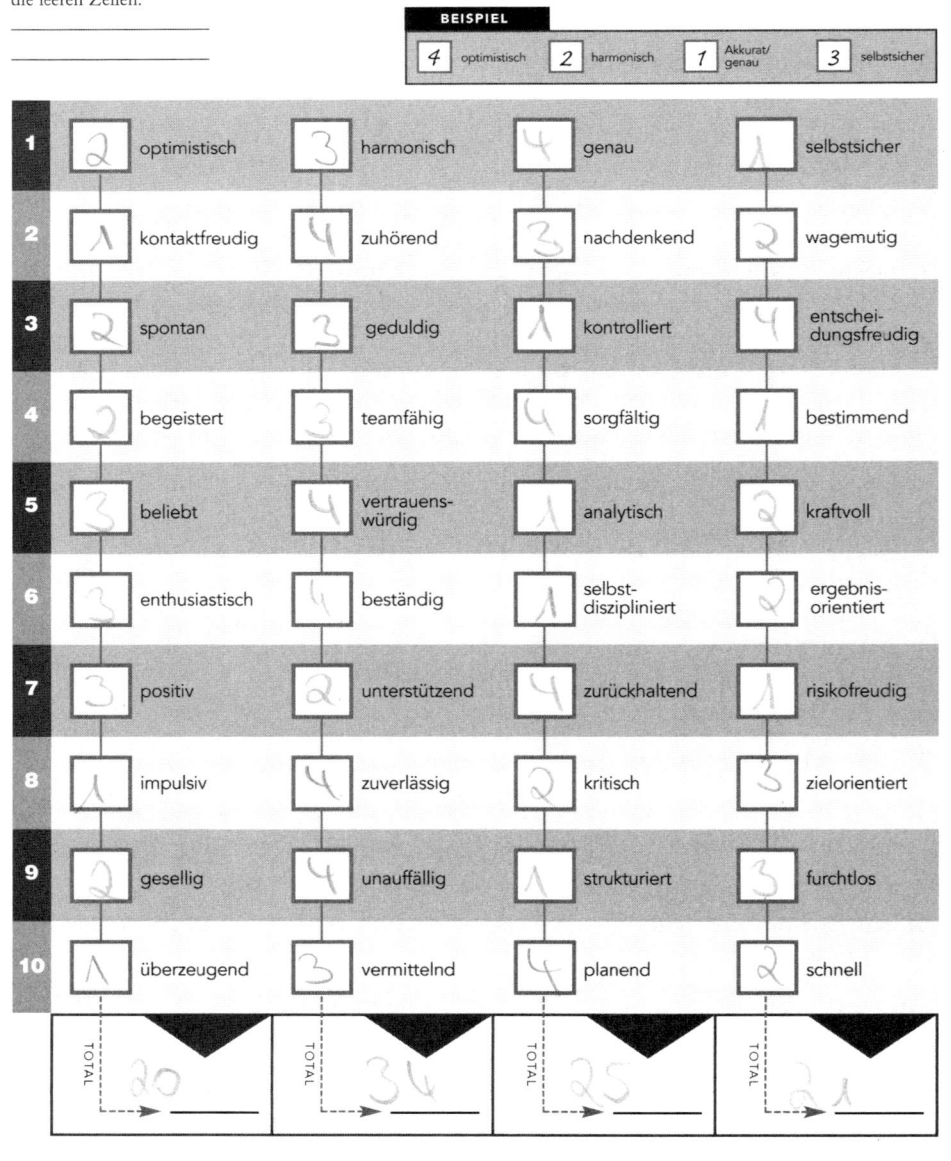

BEISPIEL

| 4 | optimistisch | 2 | harmonisch | 1 | Akkurat/genau | 3 | selbstsicher |

#								
1	2	optimistisch	3	harmonisch	4	genau	1	selbstsicher
2	1	kontaktfreudig	4	zuhörend	3	nachdenkend	2	wagemutig
3	2	spontan	3	geduldig	1	kontrolliert	4	entscheidungsfreudig
4	2	begeistert	3	teamfähig	4	sorgfältig	1	bestimmend
5	3	beliebt	4	vertrauenswürdig	1	analytisch	2	kraftvoll
6	3	enthusiastisch	4	beständig	1	selbstdiszipliniert	2	ergebnisorientiert
7	3	positiv	2	unterstützend	4	zurückhaltend	1	risikofreudig
8	1	impulsiv	4	zuverlässig	2	kritisch	3	zielorientiert
9	2	gesellig	4	unauffällig	1	strukturiert	3	furchtlos
10	1	überzeugend	3	vermittelnd	4	planend	2	schnell
TOTAL	20		34		25		21	

Erstellen Sie Ihr Profil

Nachdem Sie Ihre Punkte in den Wortgruppen verteilt haben, addieren Sie bitte nun die Zahlen in jeder senkrechten Spalte zusammen und tragen Sie die Summe in das Feld ein, auf das der Pfeil deutet. Tragen Sie nun den Zahlenwert aus Spalte 1 in den Quadranten Ihres Flächendiagramms mit dem „I" (Achtung: nicht ins erste Kästchen „D") ein. Tragen Sie den Zahlenwert aus Spalte 2 in den Quadranten „S" ein, tragen Sie die Zahlenwerte aus der Spalte 3 in den Quadranten mit dem „G" ein und das Ergebnis aus der vierten Spalte in den Quadranten mit dem „D". Verbinden Sie nun die vier Punkte in den Quadranten zu einer Fläche. Zur Kontrolle: Die Gesamtsumme der vier Spalten muss 100 ergeben.

Beispiel:

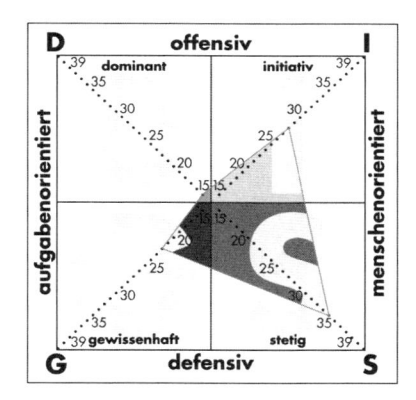

D	I	S	G
15	27	35	23

Übertragen Sie bitte Ihre Ergebnisse!

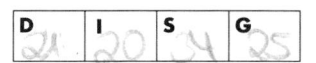

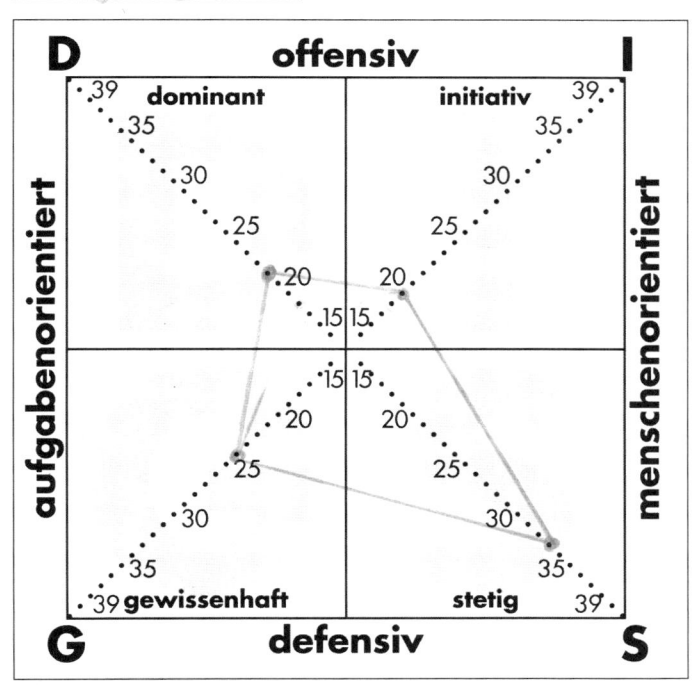

D	I	S	G
21	20	34	25

Die vier Quadranten des Persönlichkeitsstils

Trifft das Ergebnis des Fragebogens auf Sie zu?

Aufgabenorientiert/offensiv: dominant

Kennzeichen
- ❏ schätzt allgemeine Leitlinien
- ❏ hilft spontan, wo immer Arbeit anfällt
- ❏ ist vielseitig
- ❏ hat gerne schnell greifbare Ergebnisse

Ideales Umfeld
- ❏ viele neue und abwechslungsreiche Aufgaben
- ❏ neue Herausforderungen
- ❏ schwierige Aufgaben

Braucht Menschen, die ...
- ❏ Routine-Aufgaben übernehmen
- ❏ mit Vorsicht handeln
- ❏ auf Details und Fakten achten
- ❏ Geduld haben

Aufgabenorientiert/defensiv: gewissenhaft

Kennzeichen
- ❏ erledigt gerne Aufgaben
- ❏ folgt am liebsten einem festen Plan
- ❏ ist auf Ergebnisse konzentriert
- ❏ schätzt klare Anweisungen

Ideales Umfeld
- ❏ sich auf wichtige Details konzentrieren können
- ❏ eine stabile Umgebung mit klaren Zielen
- ❏ Gelegenheit zur genauen Planung
- ❏ genügend Zeit, um Aufgaben richtig zu erledigen

Braucht Menschen, die ...
- ❏ schnelle Entscheidungen treffen
- ❏ Optimismus zeigen
- ❏ helfen, andere zu motivieren

Menschenorientiert/offensiv: initiativ

Kennzeichen
- ❏ schätzt spontane Situationen
- ❏ strahlt Wärme aus
- ❏ sehr kommunikativ
- ❏ eher flexibel

Ideales Umfeld
- ❏ eine freundliche Atmosphäre
- ❏ Möglichkeit, andere zu überzeugen
- ❏ Gelegenheit, auf andere Menschen spontan einzugehen

Braucht Menschen, die ...
- ❏ Detailarbeit erledigen
- ❏ Aufgaben logisch angehen
- ❏ sich auf eine Aufgabe konzentrieren
- ❏ den Überblick behalten

Menschenorientiert/defensiv: stetig

Kennzeichen
- ❏ schätzt klar umrissene Beziehungen
- ❏ gute Beziehungen zu anderen Menschen
- ❏ bevorzugt gewohnte Umgebung
- ❏ liebt familiäre Beziehungen

Ideales Umfeld
- ❏ langfristige Beziehungen
- ❏ Sicherheit und Überschaubarkeit
- ❏ Möglichkeit, persönliche Beziehungen zu entwickeln
- ❏ echte, ernsthafte Wertschätzung

Braucht Menschen, die ...
- ❏ neue Herausforderungen annehmen
- ❏ Hilfe bieten bei der Lösung schwieriger Probleme
- ❏ Initiative zeigen und Veränderung bewirken

Die Mischung macht's

Vielleicht haben Sie gemerkt, dass Sie nicht 100-prozentig einem einzigen Verhaltensstil entsprechen. Sehen Sie sich nochmals das Flächendiagramm an und nehmen Sie die Kombination der Verhaltensstile in der von Ihnen gewählten Situation wahr. Jeder von uns hat Elemente der verschiedenen Verhaltenstile. Das ist normal. Es gibt nur ganz wenige Menschen, die exakt einen Verhaltensstil verkörpern. Die meisten von uns haben Anteile aus allen vier Quadranten in sich – aber in unterschiedlicher Intensität.

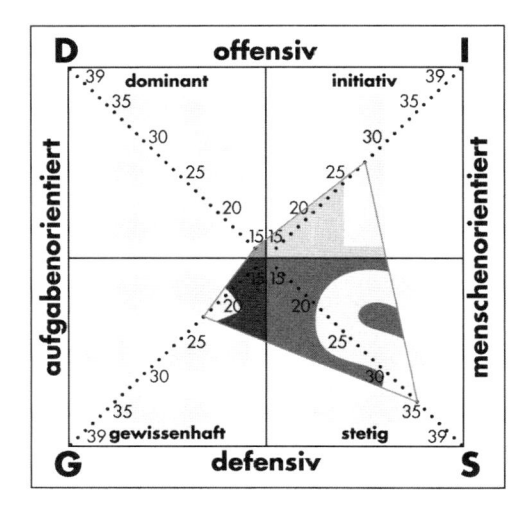

Die Position des Flächendiagramms weist auf die Kombination der Verhaltensstile hin. Je höher die Zahl im Quadranten liegt, desto wahrscheinlicher ist, dass Sie den jeweiligen Verhaltenstil in der Situation zeigen. Je näher sich eine Zahl an der Zahl 15 befindet, desto weniger ist dieses Verhalten in der Situation zu beobachten.

Zusammenarbeit und Ergänzung

Wenn Sie Ihre Verhaltenstendenzen kennen, hilft es Ihnen, Ihr Verhalten in bestimmten Situationen zu verstehen.

> Ihre Verhaltenstendenzen *erklären* Ihr Verhalten, aber sie *entschuldigen* es nicht!

Sie können Ihren Verhaltensstil also nicht als Ausrede verwenden, um ungeliebten Aufgaben oder Beziehungen aus dem Weg zu gehen.

Vervollständigen Sie Ihr D.I.E.N.S.T.-Profil

Mit dem Verhaltensstil haben Sie nun alle Elemente Ihres D.I.E.N.S.T.-Profils. Tragen Sie jetzt Ihre Neigungen, Gaben und Ihre Verhaltenstendenzen in das unten stehende Raster ein und überlegen Sie sich passende Aufgabenbereiche.

Meine Neigungen (von Seite 22)
_____
_____

Meine geistlichen Gaben (von Seite 79)
_____
_____

Mein Persönlichkeitsstil (von Seite 125)
_____
_____

Mein D.I.E.N.S.T.-Profil

Mögliche Aufgabenbereiche, die zu meinem D.I.E.N.S.T.-Profil passen.
_____
_____
_____
_____
_____

Kleingruppe: Mögliche Aufgabenfelder in der Gemeinde

Anleitung

1. Bilden Sie mit drei anderen Teilnehmern eine Kleingruppe.
2. Erklären Sie sich gegenseitig Ihre D.I.E.N.S.T.-Profile.
3. In den unten stehenden kleinen D.I.E.N.S.T.-Profilen können Sie für jedes Gruppenmitglied Name, Neigungen, geistliche Gaben und Verhaltensstil notieren.
4. Suchen Sie gemeinsam mögliche Dienstbereiche, die zu jedem Profil passen, und notieren Sie diese in dem dafür vorgesehenen Raum.
5. Wählen Sie die zwei Dienstbereiche aus, die Sie am meisten interessieren.

Lassen Sie sich nicht durch die Dienste einschränken, die es in Ihrer Gemeinde bereits gibt/nicht gibt.

Unsere D.I.E.N.S.T.-Profile

Name

Neigung

Geistliche Gabe(n)

Persönlichkeitsstil

Mögliche Aufgabenbereiche

Zusammenfassung

Der Persönlichkeitsstil ist das dritte und letzte Element des D.I.E.N.S.T.-Profils. Er sagt aus, WIE wir Aufgaben angehen. Sind wir defensiv oder offensiv? Bekommen wir unsere Energie aus der Erfüllung von Aufgaben oder aus Beziehungen?

Wie sieht Ihre Sockenschublade zu Hause aus? Haben Sie alle Socken sauber gebündelt und nach Farben und Material sortiert? Achten Sie darauf, dass Sie alle Socken gleichmäßig abnutzen? Dann nehmen Sie sich in Ihrer Umwelt als defensiv wahr. Oder haben Sie sich gerade gefragt: „Warum sollte man Socken in der Schublade ordnen? Warum gleichmäßig abnutzen? Ich werde schon jeden Morgen ein Paar finden, das mir gerade passt." Dann nehmen Sie sich ziemlich sicher in Ihrer Umwelt als offensiv wahr.

Wenn Sie am Morgen zur Arbeit gehen und sich zunächst einmal eine Weile mit Ihren Kollegen unterhalten, sind Sie vermutlich eher menschenorientiert. Sie bekommen Ihre Energie aus der Pflege von Beziehungen. Wenn Sie dagegen zuerst die Post durchgehen, Ihre E-Mails überprüfen und die To-do-Liste aktualisieren, sind Sie eher aufgabenorientiert. Sie bekommen Ihre Energie aus der Erfüllung von Aufgaben.

Die beiden Dimensionen bilden zusammen ein Flächendiagramm, aus dem Sie Ihren Verhaltensstil ablesen können. Je nachdem, wie weit Ihre Kreuze vom Zentrum entfernt liegen, ist Ihr Stil mehr oder weniger stark ausgeprägt.

Es gibt jedoch keine besseren oder schlechteren Verhaltensstile, und wir werden immer wieder mit Leuten zusammenarbeiten, die einen anderen Stil haben als wir. In solchen Situationen ist es wichtig, dass wir auch einmal bereit sind, uns anders zu verhalten, als es unserem Stil entsprechen würde. Dazu sind wir durchaus in der Lage. Dies ist ein Teil des gegenseitigen Dienens. Unsere Verhaltenstendenzen *erklären* unser Verhalten, aber sie *entschuldigen* es nicht. Wir sind aufgerufen, einander mit unserem Stil zu dienen und Rücksicht aufeinander zu nehmen.

Einheit 7:
Liebe

Das Wichtigste: einander in Liebe dienen!

Falls Sie alles vergessen, was Sie im Verlauf des Seminars gelernt haben, behalten Sie bitte das Folgende:

- Liebe ist wichtiger als Neigungen.
- Liebe ist wichtiger als geistliche Gaben.
- Liebe ist wichtiger als der Persönlichkeitsstil.

Darum geht's in dieser Einheit.

Einheit 7: Liebe

> *„Ich zeige euch jetzt etwas, das noch weit wichtiger ist als alle diese Fähigkeiten."*
>
> *Paulus in 1. Korinther 12,31*

Nullen mit oder ohne Bedeutung

Dieser Blankoscheck ist für Sie! Tragen Sie Ihren Namen als Empfänger ein und im Betragsfeld hinter der Eins beliebig viele Nullen.

Wie viel Geld bekommen Sie, wenn Sie diesen Scheck einlösen? Können Sie die Zahl überhaupt noch in Worten ausdrücken?
Wie viel ist es, wenn Sie die Eins vor den Nullen streichen?

Gaben im Licht der Liebe

Nachdem Paulus im 12. Kapitel des 1. Korinther-Briefes ausführlich über geistliche Gaben und ihre Bedeutung für die Gemeinde gesprochen hat, leitet er mit einem denkwürdigen Satz zu Kapitel 13 über: „Ich zeige euch jetzt etwas, das noch weit wichtiger ist als alle diese Fähigkeiten" (1. Kor 12,31b).

Das darauf folgende 13. Kapitel ist vollständig dem Thema „Liebe" gewidmet:

„Wenn ich die Sprachen aller Menschen spreche und sogar die Sprache der Engel,

aber ich habe keine Liebe –

dann bin ich doch nur ein dröhnender Gong oder eine lärmende Trommel.

Wenn ich prophetische Eingebungen habe und alle himmlischen Geheimnisse weiß und alle Erkenntnis besitze, wenn ich einen so starken Glauben habe, dass ich Berge versetzen kann,

aber ich habe keine Liebe –

dann bin ich nichts.

Und wenn ich all meinen Besitz verteile und den Tod in den Flammen auf mich nehme,

aber ich habe keine Liebe –

dann nützt es mir nichts." (1. Korinther 13,1–3)

Es ist wie beim Scheck: Die Nullen (Gaben) sind nur wichtig und bedeutungsvoll, wenn eine Eins davor steht. Und über die Eins spricht Paulus in 1. Korinther 13: Es ist die Liebe.

Die Liebe ist wie eine Weiche, die wir stellen. Sie entscheidet, ob unser Dienst in Richtung „Gott lieben, einander dienen" führt oder in Richtung „dröhnender Gong und lärmende Trommel".

Was heißt „mit Liebe dienen"?

„Wer liebt, ist geduldig und gütig.
Wer liebt, der ereifert sich nicht und spielt sich nicht auf.
Wer liebt, der verhält sich nicht taktlos; er sucht nicht den eigenen Vorteil und lässt sich nicht zum Zorn erregen.
Wer liebt, der trägt keinem etwas nach; es freut ihn nicht, wenn einer Fehler macht, sondern wenn er das Rechte tut.
Wer liebt, der gibt niemals jemand auf, in allem vertraut er und hofft er für ihn; alles erträgt er mit großer Geduld."

(1. Korinther 13,4–7)

Das hier verwendete griechische Wort für „Liebe" ist *Agape*. Es beschreibt eine Art von Liebe, die selbstlos ist und das Beste für andere Menschen möchte. Es geht hier um unsere Motivation: Wozu setzen wir unsere Gaben ein?

Dienst auf der Grundlage von Liebe ist echtes Dienen, Dienen ohne Liebe ist falsch motivierte Mitarbeit.

> Gott ist die Haltung, in der wir dienen, wichtiger als die Taten, die wir vollbringen.

Einzelarbeit:
Unterschied zwischen echtem und falschem Dienen

Lesen Sie die Verse 4–7 nochmals still für sich. Setzen Sie statt „Wer liebt" Ihren Namen ein.

Was geht Ihnen dabei durch den Kopf?

Nach außen hin merkt man oft keinen Unterschied, aber wenn man hinter die Kulissen schaut – und das können nur Gott und der Betreffende selbst –, merkt man, ob es sich um echtes Dienen oder falsches Dienen handelt.

1. Betrachten Sie die nachstehende Tabelle. Sie stellt echtes und falsches Dienen einander gegenüber.
2. An welcher Stelle könnte die Frucht *Ihres* Dienstes am ehesten gefährdet sein?
3. Wo stellen *Sie* die Weichen am ehesten richtig oder falsch?
4. Machen Sie an den entsprechenden Stellen ein Ausrufezeichen.

falsches Dienen	echtes Dienen
Der Dienst entsteht aus:	
Zwan	_Hören auf Gott_
Dahinter steht die Haltung: „Ich muss."	Dahinter steht die Haltung: „Ich möchte Gott dienen!"
Die Motivation zum Dienst:	
Meinung anderen Menschen	_Meinung Gottes_
Die Motivation wird von anderen Menschen bestimmt: „Was werden die anderen sagen, wenn ich nicht auf diese Art diene oder wenn ich mich nur eine begrenzte Zeit zum Dienst verpflichte?"	Die Motivation ist in unserem Glauben und in der Gemeinschaft mit Gott verankert. Wir wissen, dass wir uns letztlich nur vor Gott verantworten müssen für das, was wir getan oder nicht getan haben.
Die Einstellung zum Dienst:	
Ich mach nur das nötigste	_Ich gebe mein bestes_
Falsch motivierte Mitarbeit zielt darauf ab, nur das Minimum der anfallenden Arbeiten zu erledigen (fühlt sich schnell ausgenutzt).	Echtes Dienen beinhaltet die Bereitschaft, wenn nötig mehr zu tun, als in der Aufgabenbeschreibung festgelegt ist.
Die dahinter stehende Haltung:	
zuerst ich	_zuerst Gott_
Versucht ständig, die eigenen Pläne zu verwirklichen, sucht den eigenen Vorteil und Anerkennung, fragt danach: „Was habe ich davon?"	Echtes Dienen schaut auf zu Gott und fragt: „Herr, was möchtest du, das ich tue? Gott, wie kann ich dich durch mein Leben am besten verherrlichen? Wie kann ich heute meinen Beitrag leisten, so wie du mich befähigt hast, Menschen weiterzuhelfen?"

Der Geist des Dienens:	
Stolz	*Dankbarkeit*
Falsch motivierte Mitarbeit schaut auf das, was wir getan haben, und sagt: „*Ich* habe das getan, *ich* habe etwas zu bringen, bin *ich* nicht toll, *ich* ... *ich* ... *ich*."	Echtes Dienen sagt: „Gott hat mich gebraucht, um im Leben eines Menschen Veränderung zu bewirken." Gott hat mir eine geistliche Gabe geschenkt und hat mich mit seinem Geist erfüllt, damit ich diese Gabe treu und sinnvoll einsetzen kann.
Die Ergebnisse:	
Selbstsucht	*Anbetung*
Christen, die von falschem Dienstverständnis angetrieben werden, versuchen alle Aufmerksamkeit auf sich zu ziehen. Sie werden bitter, wenn das nicht gelingt.	Echtes Dienen sagt: „Ich freue mich, dass ich euch dienen kann. Gebt Gott die Ehre – ist er nicht wunderbar?" Die Aufmerksamkeit wird auf Gott gelenkt.

Jesus ermutigt uns zu diesem echten Dienst:

> „So soll euer Licht vor den Menschen leuchten, damit sie eure guten Werke sehen und euren Vater im Himmel preisen" (Matthäus 5,16).

Das Gütezeichen für echten Dienst ist Liebe.

> „Daran werden alle erkennen, dass ihr meine Jünger seid: wenn ihr einander liebt" (Johannes 13,35).

Die Gratwanderung in der Praxis

Es ist recht leicht, auf dem Papier zwischen echt und falsch zu unterscheiden. In der Praxis ist es dagegen oft sehr schwierig zu sagen, ob wir wirklich aus Liebe mitarbeiten oder aus anderen Gründen. In unserer Haltung findet sich meist beides.

Video: ein Beispiel aus der Praxis

Schauen Sie sich das Video über die Vorbereitung des Weihnachtsspiels an. Notieren Sie Ihre Beobachtungen zu folgenden Punkten:

1. Was passierte während des ersten Treffens? Wo wurde Liebe gezeigt oder nicht gezeigt?

   _____
   _____

2. Was passierte während des zweiten Treffens? Wie wurde Liebe hier gezeigt oder nicht gezeigt?

   _____
   _____

3. Wie wurde in der letzten Szene Liebe gezeigt oder nicht gezeigt?

   _____
   _____

Kleingruppe: mögliche Lernfelder

Bilden Sie mit drei anderen Leuten eine Kleingruppe:

Anleitung
1. Jedes Mitglied der Gruppe sucht sich einen Aspekt von echtem Dienen (Dienen mit Liebe) aus, auf den es sich in Zukunft in seinem Dienst konzentrieren will (s. S. 136 f.). Tauschen Sie sich darüber aus.
2. Halten Sie einen praktischen Schritt fest, den Sie auf dieses Ziel hin gehen wollen.

Diskutieren Sie während des Gesprächs vor allem den zweiten Punkt.

_____
_____
_____
_____
_____
_____
_____

Brief eines D.I.E.N.S.T.-Teilnehmers

Ein ehemaliger Teilnehmer des D.I.E.N.S.T.-Seminars hat folgenden Brief geschrieben:

> *„Als ich nach der Schulzeit in der Hausgemeinschaft eines Ferienheims gearbeitet habe, bereiteten wir Mitglieder des Küchenteams pro Woche zwei Morgenandachten vor. Zu Beginn hielt ich zwei Andachten, die gut ankamen. Dann hielt ich keine mehr. Man fragte mich zwar, ob ich wieder mal eine halten wolle, aber ich lehnte ab: ‚Nein, ich weiß ja, dass ich es kann.' Also brauche ich es nicht mehr zu machen.*
> *Ich denke, am D.I.E.N.S.T.-Seminar ist die Komponente ‚Selbsterfahrung' zentral. Es ist fürs Christsein und Gottes Reich aber lebensnotwendig, dass diese Gaben als ‚Dienst' gelebt werden und nicht zur eigenen Ehre. Zu wem sag ich das? Zu mir."*

Diese Person hat verstanden, dass es nicht in erster Linie darum geht, seine Gaben zu entdecken, sondern sie für Gott einzusetzen. Und dass Gaben, die nicht in Liebe eingesetzt werden, wertlos sind.

> „Durchforsche mich, Herr, sieh mir ins Herz, prüfe meine Wünsche und Gedanken! Und wenn ich in Gefahr bin, mich von dir zu entfernen, dann bring mich zurück auf den Weg zu dir!" (Psalm 139,23-24).

Zusammenfassung

Sie können Ihre Neigungen, Ihre Gaben und Ihren Persönlichkeitsstil entdecken – und es fehlt doch noch etwas!

Natürlich, werden Sie denken, es fehlt der Einsatz in der Gemeinde, denn dafür sind Gaben da!

Richtig, aber Sie können Ihre Fähigkeiten in der Gemeinde einsetzen und Tag und Nacht dort arbeiten, und wenn Ihnen eine bestimmte Sache fehlt, ist immer noch alles umsonst! Paulus schreibt: „... dann bin ich nichts."

Was entscheidet über Sinn oder Un-Sinn unseres Dienstes? Fragen wir Paulus. Nachdem er in 1. Korinther 12 über die Gaben gesprochen hat, fährt er in 1. Korinther 13 fort: „Ich zeige euch jetzt etwas, das noch viel wichtiger als alle die Fähigkeiten ist." Und was ist das? Er gibt die Antwort gleich selbst: die Liebe.

Wir können noch so viele Fähigkeiten haben, wir können noch so viel in der Gemeinde tun, wenn es nicht aus Liebe geschieht, ist alles umsonst. Erst Mitarbeit aus Liebe ist echtes Dienen. Dabei geht es nicht um irgendein „Gefühl der Liebe bei der Arbeit". Es geht um unsere Motivation. Arbeiten wir mit, weil wir Gott verherrlichen wollen oder weil es uns um die Meinung anderer geht? Arbeiten wir mit, weil man das als Christ eben macht oder aus Dankbarkeit gegenüber Gott? Ist es uns wichtiger, was andere Menschen über unseren Dienst denken oder was Gott über unseren Dienst denkt? Was machen wir, wenn wir einmal nicht im Rampenlicht stehen oder wenn wir einmal etwas tun müssen, das eigentlich nicht unsere Aufgabe ist? Machen wir es trotzdem, weil wir Gott lieben, oder stehlen wir uns still und leise davon, weil es uns nichts bringen würde, wenn wir es tun?

Die Liebe zu Gott und zu den Mitmenschen muss die Motivation für unsere Mitarbeit sein, sonst sind wir laut Paulus „ein dröhnender Gong". Sind Sie gern ein dröhnender Gong? Ich glaube kaum. Wenn Sie alles, was Sie im Rahmen des D.I.E.N.S.T.-Seminars gelernt haben, und alles, was Sie über Neigungen, Gaben und Stile gehört haben, vergessen – vergessen Sie eines nicht: Dienen ohne Liebe hat keinen Ewigkeitswert!

Übungen für die Woche:

- Gehen Sie die Schritte, die Sie sich in der Kleingruppe vorgenommen haben.
- Bitten Sie Gott, Ihnen falsche Motivationen zu zeigen, beten Sie z. B. regelmäßig Psalm 139,23–24.

Einheit 8:
Nächste Schritte

Das Seminar ist zu Ende – und wie geht's weiter?

„Zu Hause müssen doch auch alle mal abwaschen oder den Rasen mähen!"
Die Universalrolle.

„Muss ich etwa für die Gemeindearbeit meine Kinder allein lassen?"
Die Verfügbarkeit.

Frisch bekehrt und schon am Predigen?
Die geistliche Reife.

Das Seminar ist fertig – und jetzt?
Das Beratungsgespräch und Dienst als Lebensstil.

Von der Theorie zur Praxis

Neben den einzelnen Elementen des D.I.E.N.S.T.-Profils (Neigungen, Gaben und Persönlichkeitsstil) gibt es weitere Faktoren, die Ihren Einsatz in der Gemeinde beeinflussen.

Mit dreien von ihnen wollen wir uns im Folgenden beschäftigen: Universalrollen, Verfügbarkeit, geistliche Reife.

Universalrollen

Ihr D.I.E.N.S.T.-Profil zeigt Ihnen, wie Sie Ihren persönlichen Beitrag zum Bau der Gemeinde leisten können. Gott hat Sie mit allem ausgestattet, was Sie brauchen, um an Ihrem Platz zu dienen.

Daneben gibt es so genannte *Universalrollen*.

> „Gott hat euch zur Freiheit berufen, meine Brüder und Schwestern! Aber missbraucht eure Freiheit nicht als Freibrief zur Befriedigung eurer selbstsüchtigen Wünsche, *sondern dient einander in Liebe*" (Gal 5,13).

Universalrollen sind Aufgaben, die erledigt werden müssen, ohne dass sie zwingend unserem Gabenprofil entsprechen. Sie sind Teil unseres Auftrags, einander in Liebe zu dienen (Galater 5,13).

In der Liste der geistlichen Gaben sind einige Tätigkeiten aufgeführt, die von allen Christen erwartet werden.

- Alle müssen in der Gemeinde einmal anpacken, wenn gerade „Not am Mann" ist, auch wenn sie nicht die Gabe des Helfens haben.
- Alle sind aufgefordert zu glauben, auch wenn sie nicht die Gabe des Glaubens haben.
- Alle sind aufgefordert, ihr Christsein ansteckend zu leben, auch wenn sie nicht die Gabe der Evangelisation haben.
- Alle können Gäste bewirten, auch wenn sie nicht die Gabe der Gastfreundschaft haben.
- Alle können einen Krankenbesuch machen, auch wenn sie nicht die Gabe der Barmherzigkeit haben.
- usw.

Wie in einer Familie oder Wohngemeinschaft gibt es auch in der Gemeinde Aufgaben, bei denen alle verpflichtet sind anzupacken.

Geistliche Gaben sind also keine Ausrede, um sich vor unliebsamen Tätigkeiten zu drücken!

Aber Achtung: Je mehr Zeit wir Universalrollen widmen, die außerhalb unserer Gaben liegen, desto größer werden Reibungsverluste und umso kleiner wird unsere Freude.

Verfügbarkeit

Uns allen steht nur eine begrenzte freie Zeit zur Verfügung.

Die Verfügbarkeit ist die Zeit, die wir neben unseren übrigen Verpflichtungen für die Arbeit in der Gemeinde einsetzen können. Sie hängt von unserer augenblicklichen Situation ab.

Eltern mit kleinen Kindern oder Menschen, die oft geschäftlich unterwegs sind, können sich nicht in gleichem Maß in der Gemeinde einsetzen wie Menschen mit großen zeitlichen Kapazitäten.

Einzelarbeit:
Welche Faktoren beeinflussen meine Verfügbarkeit?

Anleitung
Nehmen Sie sich kurz Zeit und beantworten Sie die folgenden Fragen:

1. Welche zeitlichen Verpflichtungen müssen Sie bei der Planung Ihrer Mitarbeit in der Gemeinde berücksichtigen?
2. Welche dieser Faktoren sind unabänderlich?
3. Welche können Sie steuern?
4. Welche werden sich kurz-, mittel- oder langfristig ändern?

Meine Verpflichtungen	unabänderlich	steuerbar	ändert sich mittel- bis langfristig
_____	❏	❏	❏
_____	❏	❏	❏
_____	❏	❏	❏
_____	❏	❏	❏
_____	❏	❏	❏
_____	❏	❏	❏

Geistliche Reife

Der dritte Faktor, den Sie beachten müssen, ist die geistliche Reife.

> „Lege niemand zu schnell die Hände auf, um ihn in das Ältestenamt einzusetzen, sonst machst du dich mitschuldig, wenn er sich verfehlt."
> (1. Timotheus 5,22)

Ihr D.I.E.N.S.T.-Profil weist Sie vielleicht auf einen Dienstbereich hin, der mehr geistliches Verständnis fordert, als Sie im Moment besitzen.

Beginnen Sie dennoch schon jetzt, in diesem Bereich mitzuarbeiten. Übernehmen Sie Aufgaben, die Ihrer derzeitigen Reife entsprechen, während Sie immer weiter im Glauben und in Ihren Gaben wachsen.

Verwechseln Sie geistliche Gaben nicht mit der Frucht des Geistes

Geistliche Gaben zeigen sich nur im Leben derer, die diese Gabe von Gott bekommen haben.

Die Frucht des Geistes muss sich dagegen im Leben *jedes* Christen zeigen. Sie ist ein Kennzeichen geistlichen Wachstums.

Die Früchte des Geistes sind (vgl. Galater 5,22-23):

„Der Geist Gottes dagegen lässt als Frucht eine Fülle von Gutem wachsen, nämlich:
- Liebe,
- Freude,
- Frieden,
- Geduld,
- Freundlichkeit,
- Güte,
- Treue,
- Bescheidenheit,
- Selbstbeherrschung."

Aussagen wie z. B. „Ich habe eben die Gabe der Geduld nicht" sind falsch, die Frucht des Geistes muss sich im Leben *jedes* Christen zeigen.

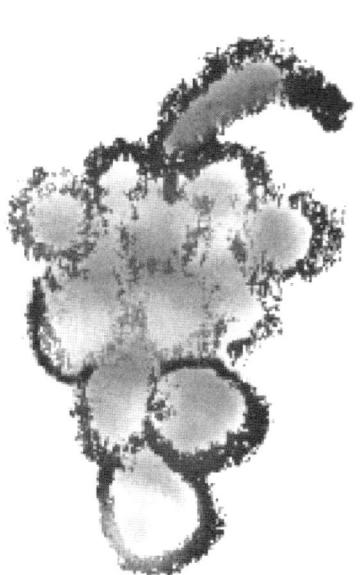

Einzelarbeit

- Kreisen Sie die beiden Merkmale ein, die sich in Ihrem Leben bereits zeigen.
- Unterstreichen Sie das Merkmal, bei dem Ihrer Meinung nach Wachstum nötig ist.
- Machen Sie aus Ihren Beobachtungen ein Gebet.

Beratungsgespräch

Schlagen Sie im Beratungsgespräch die Brücke zwischen Theorie und Praxis.

Ein/e D.I.E.N.S.T.-Berater/in wird Ihnen helfen, einen Platz zu finden, der Ihrem Persönlichkeitsprofil entspricht und an dem Sie sich entfalten können. Darüber hinaus haben Sie während des Gesprächs die Gelegenheit, offene Fragen zu klären.

Füllen Sie den Vorbereitungsbogen aus, den Sie auf den Seiten 152–154 finden.

Zusammenfassung des D.I.E.N.S.T.-Seminars

D.I.E.N.S.T. hat 3 Ziele:

Der Kurs zeichnet ein neues Bild von Gemeinde. Wie ein Leib mit vielen Gliedern, so ist auch die Gemeinde ein Ort, an dem alle Christen ihren Beitrag einbringen.

Der Kurs zeichnet Ihnen ein neues Bild von sich selbst. Sie sind begabt, Sie haben Fähigkeiten von Gott bekommen, Sie sind einzigartig – ein unverwechselbares Glied mit Neigungen, Gaben und einem persönlichen Stil. Gott hat für Sie einen Platz in der Gemeinde vorgesehen.

- Die Neigungen beantworten die Frage, WO Sie dienen sollten.
- Die Gaben zeigen, WAS Sie dort am besten tun können.
- Der Persönlichkeitsstil weist darauf hin, WIE Sie effektiv mit anderen zusammenarbeiten.

Daneben gibt es weitere Faktoren, die unseren Einsatz beeinflussen: die Universalrollen, die Verfügbarkeit und die geistliche Reife.

Wie in der Familie gibt es auch in der Gemeinde Aufgaben (Universalrollen), zu denen wir verpflichtet sind, auch wenn sie nicht unseren Begabungen entsprechen. Das Gleiche gilt für unser Glaubensleben: Wir sollen auch ohne die Gabe des Glaubens glauben, wir sollen auch ohne die Gabe der Evangelisation ein ansteckendes Christsein leben usw.

Je nach Lebenssituation (Verfügbarkeit) können wir uns stärker oder weniger stark in der Gemeinde einsetzen.

Je nach geistlicher Reife können wir gewisse Aufgaben bereits übernehmen, in andere müssen wir erst noch hineinwachsen. Dennoch gibt es für alle einen Platz, an dem sie sich mit Freude einsetzen können.

Der Kurs lädt Sie ein, sich in Liebe dienend einzusetzen. Wichtiger als alle Mitarbeit in der Gemeinde ist die Liebe. Ohne Liebe ist alles, was Sie tun, Schall und Rauch. 1. Korinther 13 veranschaulicht, was es heißt, in Liebe zu dienen.

Der Kurs endet, das Abenteuer beginnt! Suchen Sie den Platz, den Gott für Sie bereitet hat, um Ihr Persönlichkeitsprofil zu entfalten. Und dienen Sie einander in Liebe.

Ihre Meinung ist gefragt!

Vielen Dank, dass Sie sich Zeit nehmen, um uns kurz Ihre Meinung zum D.I.E.N.S.T.-Seminar mitzuteilen. Sie helfen uns damit, noch besser auf Ihre Bedürfnisse einzugehen.

D.I.E.N.S.T.-Materialien

1. Hat das D.I.E.N.S.T.-Seminar Ihre Erwartungen erfüllt?

5	4	3	2	1
übertraf meine Erwartungen		entsprach den Erwartungen		blieb hinter den Erwartungen zurück

2. Wie viel haben Sie während des Seminars gelernt?

5	4	3	2	1
viel		mittel		wenig

3. War das Gelernte für Ihre Gemeinde und Ihren Dienst relevant?

5	4	3	2	1
sehr relevant		teilweise relevant		nicht relevant

4. Würden Sie anderen die Teilnahme an diesem Programm empfehlen?

5	4	3	2	1
ja, unbedingt		möglicherweise		nein, sicher nicht

5. Welche Aspekte des Seminars waren für Sie am hilfreichsten?

    _____

    _____

6. Welche Aspekte des Seminars waren für Sie am wenigsten brauchbar?

    _____

    _____

7. Was haben Sie vermisst? Was sollte noch einbezogen werden?

    _____

    _____

Schulungsleiter/in

8. Wie gut kannte die Leiterin/der Leiter die Inhalte des vorliegenden Materials und wie glaubwürdig war sie/er?

5	4	3	2	1
sehr stark		manchmal		wenig oder gar nicht

9. In welchem Maß konnte sie/er Sie motivieren und Ihren Lernprozess positiv begleiten?

5	4	3	2	1
sehr stark		manchmal		wenig oder gar nicht

10. In welchem Maß erleichterte Ihnen die Zusammenarbeit mit dem/der Leiter/in das Lernen?

5	4	3	2	1
sehr stark		manchmal		wenig oder gar nicht

11. Weitere Kommentare:

    _____
    _____
    _____
    _____
    _____
    _____
    _____
    _____
    _____
    _____
    _____
    _____
    _____
    _____

Bestimmen Sie Ihre Verfügbarkeit

Unsere derzeitigen Lebensumstände haben einen großen Einfluss auf unsere Verfügbarkeit (siehe Seite 143).

Haben Sie Kinder? Sind Sie verheiratet? Single? Allein erziehend? Wie oft sind Sie unter der Woche unterwegs? Wie weit wohnen Sie von dem Ort Ihres möglichen Dienstes entfernt? Haben Sie die Unterstützung Ihrer Partnerin/ Ihres Partners? Ist der Ort gut erreichbar? Welchen sonstigen Aktivitäten und Verpflichtungen gehen Sie während der Woche nach?

Wie viel Zeit können oder wollen Sie für Ihren Dienst aufbringen? Gibt es andere Aktivitäten, die Sie einschränken könnten, um Ihren persönlichen Beitrag in Ihrem Dienst zu leisten (zum Beispiel Aktivitäten, die mehr Zeit verschwenden als nötig)? Es ist wichtig, dass Ihr Leben ausgeglichen ist, aber dennoch sollte Ihr Einsatz für Gott Vorrang haben.

Notieren Sie Ihre derzeitigen Verpflichtungen und wie viel Zeit pro Woche diese in Anspruch nehmen. Denken Sie darüber nach, welche Priorität Sie den verschiedenen Verpflichtungen einräumen wollen.

Verpflichtung   Stunden/Woche

_____
_____
_____
_____
_____
_____
_____
_____
_____
_____
_____
_____

Wie viel Zeit können Sie im Moment für die Mitarbeit in der Gemeinde aufbringen?

❏ eingeschränkt: ein bis zwei Stunden pro Woche,
❏ mittel: zwei bis vier Stunden pro Woche,
❏ viel: vier oder mehr Stunden pro Woche.

Übertragen Sie Ihre Verfügbarkeit auf den Vorbereitungsbogen für das Beratungsgespräch, den Sie auf den Seiten 153–154 finden.

Wenn Sie aus irgendeinem Grund zur Zeit nicht verfügbar sind, besprechen Sie mit Ihrem Berater, welche Möglichkeiten für einen Einsatz es in der Zukunft für Sie gibt.

Bestimmen Sie Ihre geistliche Reife

Machen Sie eine Momentaufnahme Ihrer Beziehung zu Gott. Welche der folgenden Beschreibungen gibt am besten wider, wie Sie sich zur Zeit selbst sehen?

❏ *Sucher*
  Sie bemühen sich darum, Gott und den christlichen Glauben besser zu verstehen, aber Sie haben sich Jesus Christus bisher noch nicht mit ganzem Herzen anvertraut. Sie erforschen das Christentum noch.

❏ *neu/jung im Glauben*
  Sie sind erst vor kurzem zum Glauben gekommen und sind gespannt, was das Leben mit Gott bringt. Oder Sie sind schon seit einiger Zeit Christ, aber Sie lernen erst jetzt, was Jesus meinte, als er ein Leben im Überfluss versprach. In jedem Fall müssen Sie noch mehr von den Grundlagen des christlichen Glaubens verstehen und erkennen, was es heißt, jeden Tag in einer persönlichen Beziehung zu Gott zu leben.

❏ *fest/wachsend im Glauben*
  Sie vertrauen fest darauf, dass Gott treu und in der Lage ist, sich durch Ihr Leben zu zeigen. Sie lassen sich vom Heiligen Geist leiten und sind sensibel für seine Führung. Sie sind fest im Glauben und feiern regelmäßig mit anderen Christen Gottesdienst und sind Teil einer ganzheitlichen Kleingruppe (Hauskreis, Team usw.). Sie bemühen sich aktiv, im Glauben zu wachsen.

❏ *andere im Glauben anleitend*
  Sie haben im Glauben einen hohen Grad der Reife erreicht. Sie können anderen Christen ein Leben mit Jesus vorleben und sie neu dafür begeistern. Sie sind in der Lage, andere Christen durch Ihr Vorbild im Glauben anzuleiten und ihnen ein tieferes Verständnis davon zu vermitteln, was es heißt, sein Leben mit Gott zu leben.

Welche Beschreibung haben Sie angekreuzt? Übertragen Sie Ihre geistliche Reife auf den Vorbereitungsbogen für das Beratungsgespräch (Seiten 153–154).

Vorbereitungsbogen für Ihr Beratungsgespräch

So machen Sie das Beste aus Ihrem Beratungsgespräch:

1. Vor dem Beratungsgespräch:
   - Beten Sie um Weisheit für sich und Ihren Berater/Ihre Beraterin.
   - Füllen Sie den Vorbereitungsbogen für das Beratungsgespräch aus, den Sie auf den folgenden Seiten finden.
   - Lesen Sie die Informationen über Verfügbarkeit und geistliche Reife auf den Seiten 149–151 durch und übertragen Sie das Ergebnis auf den Vorbereitungsbogen.
   - Überlegen Sie sich, welche Bereiche in Ihrer Gemeinde Sie interessieren und zu Ihrem Persönlichkeitsprofil passen. Gibt es diese Bereiche bereits?

2. Vereinbaren Sie ein Beratungsgespräch mit Ihrem/Ihrer D.I.E.N.S.T.-Berater/Beraterin.

3. Nehmen Sie nach dem Gespräch möglichst schnell mit den zuständigen Bereichsleitern in Ihrer Gemeinde Kontakt auf, in denen Ihre Mitarbeit möglich ist. Bemühen Sie sich darum, solange die Ideen und Beschreibungen noch frisch sind.

4. Nehmen Sie sich Zeit, um zu beten und sich gedanklich auf die Mitarbeit in Ihrem neuen Dienstbereich vorzubereiten.

… Anhang 153

Fragebogen zu persönlichen Daten
Persönliches

Name: _____ Datum des D.I.E.N.S.T.-Kurses: _____
Vorname: _____ Beruf: _____
Adresse: _____ Ausbildung / Schule: _____
_____ berufliche Zukunftspläne /-träume: _____
Telefon: _____
Geburtsdatum: _____
Familienstand: ❏ ledig   ❏ verheiratet (____ Kinder)   ❏ geschieden   ❏ verwitwet
Seit wann kommen Sie zu den Gottesdiensten unserer Gemeinde? Monat/Jahr _____
Sind Sie Mitglied?   ❏ ja   ❏ nein

Ich habe Neigungen für die Bereiche/Themen	**Personen/Gruppen**	
_____	❏ Kleinkinder	❏ Ältere, Alte, Betagte
_____	❏ Kinder	❏ Kranke, Behinderte
_____	❏ Teenager	❏ gesellschaftlich Benachteiligte
_____	❏ Jugendliche	❏ Suchtgefährdete
_____	❏ Junge Erwachsene	❏ Suchende

Meine geistlichen Gaben (inkl. Anzahl der Punkte)

Selbstbeurteilung   *Fremdbeurteilung*
1. _____   1. _____
2. _____   2. _____
3. _____   3. _____
4. _____   4. _____
5. _____   5. _____

Mein Persönlichkeitsstil
❏ eher aufgabenorientiert, offensiv (dominant)   ❏ eher aufgabenorientiert, defensiv (gewissenhaft)
❏ eher menschenorientiert, offensiv (initiativ)   ❏ eher menschenorientiert, defensiv (stetig)

Meine geistliche Reife
❏ suchend   ❏ fest/wachsend im Glauben
❏ neu/jung im Glauben   ❏ andere im Glauben anleitend

Meine derzeitige Verfügbarkeit pro Woche
❏ 1–2 Stunden   ❏ 4 oder mehr Stunden
❏ 2–4 Stunden   ❏ unregelmäßig
Bemerkungen: _____

In welchem Arbeitsgebiet unserer Gemeinde arbeiten Sie momentan mit?
_____

In welchem Arbeitsgebiet außerhalb unserer Gemeinde arbeiten Sie momentan ehrenamtlich mit?
_____

In welchen Arbeitsgebieten waren Sie früher aktiv (innerhalb und außerhalb unserer Gemeinde)?
_____

Falls Sie bereits in unserer Gemeinde mitarbeiten:
Sind Sie in Ihrer Mitarbeit zufrieden und erfüllt? ☺ ☺ ☹   (bitte ankreuzen)

Welche Einsichten aus dem D.I.E.N.S.T.-Seminar haben Sie in Ihrem derzeitigen Dienst bestätigt und ermutigt?
_____

Was stellt Ihren momentanen Einsatz in Frage? _____
_____

Zieht es Sie in eine andere Aufgabe? Wenn ja, in welche? _____
_____

Mein geistlicher Werdegang
Beschreiben Sie kurz, wie Sie Gott kennen gelernt haben und wie Sie Ihre Beziehung zu ihm pflegen.
_____
_____
_____
_____
_____
_____
_____
_____
_____

Meine Erfahrungen
Kreuzen Sie die folgenden Punkte an, in denen Sie bereits Erfahrungen mitbringen und praktische Fähigkeiten haben.
Bitte präzisieren Sie, wenn möglich; z. B. unter „Sport" mit der Bemerkung „Fitnesstrainerin" oder „Inline-Skating".

Erfahrungen im Beruf:

Technische Berufe:
❏ IngenieurIn
❏ PC-SupporterIn
❏ InformatikerIn
❏ TelefoninstallateurIn
❏ BauunternehmerIn
❏ ArchitektIn
❏ MaschinenmechanikerIn
❏ AutomechanikerIn
❏ ElektrikerIn
❏ Maler/TapeziererIn
❏ DachdeckerIn
❏ InnenausstatterIn
❏ SchreinerIn
❏ _____

Kaufmännische Berufe
❏ Finanzen
❏ Rechnungswesen
❏ Buchhaltung
❏ Steuerwesen
❏ _____

Soziale Berufe
❏ Krankenpflege
❏ Soziale Dienste
❏ Lebensberatung
❏ Berufsberatung

❏ Strafvollzug
❏ Arbeitslosigkeit

Weitere Berufe
❏ Rechtswesen
❏ Verkauf
❏ Landschaftspflege
❏ Raumpflege
❏ Kinderkrippe
❏ Werbung
❏ Radio/Fernsehen
❏ Journalismus
❏ Reisebranche
❏ _____

Management
❏ Personalleitung
❏ Projektleitung
❏ Beratung
❏ _____

Pädagogik
❏ Kindergarten
❏ Grundschule
❏ Oberstufe
❏ Singles
❏ Ehepaare
❏ Familie/Erziehung
❏ Männergruppen
❏ Frauengruppen

❏ Lernbehinderte
❏ Privatunterricht
❏ Forschung
❏ Tanz, Aerobic
❏ Gymnastik
❏ Haushaltberatung
❏ _____

Sprachen
❏ Übersetzung
❏ Welche Sprachen?
❏ _____

Arbeit mit/in
❏ Behinderten
❏ Hörgeschädigten
❏ Häftlingen
❏ Lernbehinderten
❏ Patienten
❏ Abhängigen
❏ Jugendwohnheim
❏ Altersheim

Erfahrungen in der Freizeit
❏ Support
❏ Übersetzung
❏ Mixer
❏ Technik
❏ Lichtanlage

❏ Kostüme
❏ Bühnenaufbau
❏ Bühnenbild
❏ Bistro/Apéro
❏ Dekoration
❏ Moderation
❏ Kassetten kopieren
❏ Logistik
❏ Folien auflegen
❏ Reinigung
❏ _____

Kreatives/ Gestalterisches
❏ Theater
❏ Tanz
❏ Pantomime
❏ Puppenspiel
❏ Clownerie
❏ Jonglieren
❏ Drehbuch schreiben
❏ Sprayen
❏ Video
❏ Hörspiel
❏ Layout/Grafik
❏ Fotografie
❏ Handwerk
❏ Malen / Zeichnen
❏ _____

Sport
❏ _____
❏ _____

Musik
❏ Chorleitung
❏ Chor
❏ Solo
❏ Band / Orchester
❏ Choreografie
❏ Komponieren
❏ Arrangement
❏ Instrument(e):
❏ _____
❏ _____

Verschiedenes
❏ Kasse/Buchhaltung
❏ Sekretariat
❏ Kinderbetreuung
❏ Texte gegenlesen
❏ Kochen
❏ Gebäudeunterhalt
❏ Feste organisieren
❏ Einkaufen für Senioren
❏ Lagerleitung
❏ Büchertisch
❏ Blumendekoration
❏ _____

Gibt es irgendwelche anderen Produkte, Hilfsmittel, Fähigkeiten, Interessen, Begabungen oder günstige Gelegenheiten (z. B. Berechtigungsausweise für bestimmte Einkaufsmöglichkeiten), die Sie Ihrer Gemeinde anbieten oder zur Verfügung stellen möchten?

Ich bin damit einverstanden, dass diese Informationen nur den Verantwortlicher und den Dienstbereichsleitern dieser Gemeinde zugänglich gemacht werden.

Datum: _____ Unterschrift: _____

Bücher zum Thema

Hintergrund
- Bill Hybels: „Die Mitarbeiter-Revolution – Begeistert in der Gemeinde mitarbeiten". Gerth Medien 2005.
- Georges Morand/Kai S. Scheunemann/Anke Wiedekind: „Entdecke dein Potenzial". Gerth Medien 2002.
- D.I.E.N.S.T.-Leiterhandbuch mit Verknüpfungsblöcken zu jeder Einheit. Gerth Medien 2003.

Neigungen
- Bill Hybels: „Aufbruch zur Stille". Gerth Medien 1998.
- Gordon MacDonald: „Ordne dein Leben". Gerth Medien 1992.

Geistliche Gaben
- Christian A. Schwarz: „Die 3 Farben Deiner Gaben". C&P Verlag 2000.
- C. Peter Wagner: „Die Gaben des Geistes für den Gemeindeaufbau". Aussaat Verlag 1985.
- John Ortberg: „Gaben – Gott begeistert dienen". Gerth Medien 2002.

Persönlichkeitsstil
- „Das christliche Persönlichkeitsprofil", DISG-Training, R. Brockhaus Verlag 1991.
- „Das 1x1 der Persönlichkeit", Gabal 1996, Lothar J. Seiwert, Friedbert Gay.

Liebe/Dienen
- Christian A. Schwarz: „Die 3 Farben der Liebe". C&P Verlag 2003.
- John Ortberg: „Die Liebe, nach der du dich sehnst". Gerth Medien 2000.

Persönliche Stärke ist kein Zufall

Erkennen Sie sich selbst!
Das DISG-Persönlichkeits-Profil®

Das Geheimnis für den persönlichen und beruflichen Erfolg liegt darin, sich und andere besser zu verstehen und zu erkennen, wie das eigene Verhalten das anderer Menschen beeinflusst. Seit nahezu 30 Jahren hilft nun das DISG-Persönlichkeits-Profil® Türen zu öffnen, um eine bessere Kommunikation zu ermöglichen und Beziehungen zwischen mittlerweile 40 Millionen Menschen zu verbessern.

Das DISG-Persönlichkeits-Profil® basiert auf umfangreichen Studien und Tests und ist auf die unterschiedlichen Mitarbeiterstrukturen moderner Unternehmen abgestimmt. Mehr Wahlmöglichkeiten und höhere Verlässlichkeit machen es zum Vorreiter für Lerninstrumente im Bereich Verhalten.

Startklar sein,
für erste Erfahrungen mit dem DISG® Persönlichkeits-Modell

DISG®-Start Punkt bietet einen Einstieg in die DISG®-Verhaltensdimensionen. Durch seine zeitgemäße Aufmachung ist es ein effektives Instrument, das statistisch überprüft in das DISG®-Persönlichkeits-Modell einführt.
Start Punkt führt den Teilnehmer darüber hinaus in das interessante Modell „Bewusst machen, reflektieren, handeln mit DISG®" ein.
Die Teilnehmer machen sich eine Situation **bewusst,** die für sie von Bedeutung ist, sie **reflektieren** über ihre Reaktionen auf die Situation und **handeln** positiv, um das richtige Ergebnis zu erzielen. DISG® Start Punkt ist eine schnelle und einfache Möglichkeit für Ihre Teilnehmer, Gedanken, Gefühle und Verhalten in unterschiedlichen Situationen zu verstehen und zu beeinflussen.

Mehr Infos dazu, erhalten Sie bei

persolog

Verlag für Managementsysteme
Königsbacher Straße 21 ❘ D-75196 Remchingen ❘ Telefon 0 72 32. 36 99 0
Telefax 0 72 32. 36 99 44 ❘ mail@persolog.com ❘ www.persolog.com

So wird Ihr Christsein ansteckend

Das Schulungsprogramm zum Bestseller „Bekehre nicht – lebe"

Mittelberg / Strobel / Hybels:
So wird Ihr Christsein ansteckend
Mit diesem Schulungsprogramm lernen Sie, Ihr Hauskreis oder auch Ihre Gemeinde, Christsein lebensnah, „ansteckend" und interessant zu leben – ohne sich dabei zu überfordern.

Die Bausteine:

Teilnehmerbuch
Nr. 816 810

Leiterhandbuch
Nr. 816 809

Schulungsvideo
VHS, 60 min., deutsch
Nr. 657 155

CD-ROM
mit PowerPoint-Präsentation und Folienvorlagen
Nr. 657 470

> **Das Paket „So wird Ihr Christsein ansteckend"**
> Inhalt: Teilnehmerbuch, Leiterhandbuch, Video, CD-ROM
> Nr. 657 151

Der Kurs von John Ortberg

Abenteuer Alltag –
Ein ganz normaler Tag mit Jesus

Viele Christen sehnen sich danach, ihren Alltag in enger Gemeinschaft mit Jesus zu leben. Aber wie kann das gelingen? Dieser geistliche Grundkurs hilft Menschen, ihre Beziehung zu Jesus zu intensivieren – und das an jedem neuen Tag. Inmitten der Routine Ihres Alltags können Sie Gottes Gegenwart erleben. Nicht unbedingt, indem Sie neue Dinge tun, sondern vielmehr, indem Sie die alltäglichen Dinge in einer neuen Art und Weise tun – mit ihm. Auf diese Weise wird Sie ein ganz normaler Tag mit Jesus zu einem außergewöhnlichen Leben führen.

Die Bausteine:

Teilnehmerbuch
Nr. 816 806

Leiterhandbuch
Nr. 657 497

DVD
45 min., deutsch
Nr. 816 819

CD-ROM
mit PowerPoint-Präsentation und Folienvorlagen
Nr. 657 499

Das Paket „Abenteuer Alltag"
Inhalt: Teilnehmerbuch, Leiterhandbuch, DVD, CD-ROM
Nr. 657 495